KASPAR HALDER

HUMORICA 97

Edition REDLAH Suhr

KASPAR HALDER

HUMORICA 97

Witzige, naive und absurde Gedichte,
Lieder und Texte

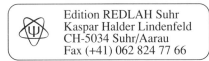

Edition REDLAH Suhr
Kaspar Halder Lindenfeld
CH-5034 Suhr/Aarau
Fax (+41) 062 824 77 66

ISBN 3-9521206-5-0

Veronika und Lorenz gewidmet

Edition REDLAH Suhr
Kaspar Halder Lindenfeld
CH-5034 Suhr/Aarau
Fax (+41) 062 824 77 66

ISBN 3-9521206-5-0

Copyright by Edition REDLAH Suhr 1997

Zitate mit Quellenangabe erwünscht!

Titelbild:
Scherenschnitt von Edith Wiedemeier

Umschlagbild hinten:
von Hans Eggimann

Gesamtherstellung:
*Forter Druck AG, 8203 Schaffhausen
im November 1997*

Inhaltsverzeichnis

Vorwort	1
I. Unfreiwilliger Humor	3
«Best of Mary»	3
«Warum ich mein Mueti lieb habe»	10
Dasselbe von Heinerli Halder	18
Dasselbe von Lorenz zum Geburri seiner Mama 1997	28
Dasselbe von Lorenz zum Geburri seines Papa 1997	31
«Best of Düggeli»	34
Hämbörger-Gräuel	40
«Best of Imbi»	41
II. Freiwilliger Humor	44
Unernste Lieder	44
Hexen Song	45
Zwätschge Tango	46
Rinderwahn Song	48
Das Lied vom Stehgeiger	49
Düggeli Song	50
Postreise	51
Olga an der Wolga	57
Gedichte von Frank Wedekind mit Scherenschnitten	62
«Schwarze Magie»	67
«Best of Sutermeister»	68
«Best of Schüttlericks»	72
Limerick-Trilogie	76
«Best of Nüsperli»	77
«Best aus einem alten Nest»	88
Absurde Gedichte und Texte aus den Zwanzigerjahren	96
«Weib und Kind»	104
«Chez Zwätschge Veronika»	107
«Die flambierte Zwätschge»	108
«Best of Guiness Book of Records 1968»	110
«Understanding Computer Technology»	111
Anhang	113
Der Name Lorenz in 6 verschiedenen Alphabeten	113
Ratgeber: Neue lesenswerte Bücher	114
Home Story	119
«Paparazzo Schüttlerick»	123
Lachen ist gesund – Humor in der Therapie	124
Nachwort und Dank	125
Verlagsprogramm	126

Vorwort

Bücher konzipieren und machen ist das reinste Vergnügen. Den Prozess zu begleiten, bis die paar Hundert edel gebundenen Exemplare angeliefert werden, ebenfalls. Nun beginnt der härtere Teil der Arbeit: Die schönen Bücher auf elegante Art und Weise loszuwerden, damit sie nicht als notorische Ladenhüter verramscht oder gar makuliert werden müssen.

Das ist ein Problem mit dem nicht nur hoffnungsvolle Kleinverlage, sondern auch renommierte Häuser permanent konfrontiert sind die einen oft riesigen Aufwand für Marketing- und Verkaufsförderungsmassnahmen betreiben, um nicht rote Zahlen zu schreiben.

Die Edition REDLAH Suhr versuchte schon verschiedene Strategien, wie Direct Mailing und Versand von Ansichtsexemplaren – da sie sich die gängigen Massnahmen wie Inseratekampagnen und Einsatz von Vertretern, die Buchhandlungen im deutschsprachigen Raum abklappern nicht leisten kann.

Auch das «Literarische Quartett» und der «Literaturclub» haben sie bis heute schnöde ignoriert – trotz des Verlagscredos nur Bücher von Topqualität – inhaltlich und formal – zu produzieren.

Nun zur Genese dieses Buches:

In Diskussionen über naive Dichtung stellte ich fest, dass den jüngeren Generationen der Name Mary Stirnemann-Zysset nichts sagt und daher ihre unnachahmliche naive Poesie im Schatten des Vergessens zu versinken droht.

Um dies zu verhindern, begann ich ein Buch zu konzipieren, das hauptsächlich dem naiven und unfreiwilligen Humor gewidmet wäre. Aber auch durch unernste Lieder und weitere witzige und absurde Poesie und Texte zu einem Bestseller der Frankfurter Buchmesse 97 mutieren würde und sich daher ganz von selbst verkauft.

Vieles sind Zitate aus längst vergriffenen Büchern – anderes ist bisher unveröffentlicht oder aus schwer zugänglichen Quellen. Damit hofft der Herausgeber/Verleger der geneigten Leserschaft ein Buch zu präsentieren, das sie der Sorge nach einem passenden Weihnachtsgeschenk enthebt.

Herbst 1997   Kaspar Halder

I. Unfreiwilliger Humor

«Best of Mary»
Naive Gedichte der unnachahmlichen «Aarauer Lerche» Mary Stirnemann-Zysset

Ich begegnete Mary Stirnemann-Zysset – der in Aarau durch ihr Buch «Sonnenschein ins tägliche Leben» mit über fünfzig herrlich naiven Gedichten zur Berühmtheit gewordenen Lokalpoetin – kurz persönlich.

Mein Vater besass das orange brochierte Büchlein und ich konnte einige Gedichte auswendig. Mit ein paar Freunden wollte ich mir auf ihre Kosten einen Jux erlauben. Wir waren neugierig, wie die alte Dame wohl aussah und reagierte, wenn einige flotte junge Verehrer (wir waren 18 Jahre alt) ihr die Aufwartung machten. Wir wussten wo sie wohnte und hofften, von ihr in die gute Stube gebeten zu werden, um mit ihr ein bisschen über Gott und die Welt plaudern zu können. Doch es kam anders: Wir klingelten an ihrer Türe mit einem Blumenstrauss bewaffnet, sie öffnete und noch bevor wir «papp» sagen konnten, schloss und verriegelte sie sie wieder. Sie hatte wohl den Braten gerochen. Wir waren natürlich enttäuscht. Ich hatte für sie folgendes gedichtet (aus dem Gedächtnis zitiert):

> *«Ach wär ich doch auch von der Muse geküsst*
> *wie Du – holde Mary – wie Du es bist*
> *Ach wär' ich doch auch so ein Dichtertalent*
> *wie Du – holde Mary – mein Kompliment!»*

Also zottelten wir frustriert von dannen und werweisten, wem wir nun die verschmähten Blumen schenken könnten.

Klappentext Buch Diogenes Verlag
Mary Stirnemann-Zysset wurde als jüngstes Kind einer Bergbauernfamilie 1881 in der Innerschweiz geboren. Ihre ersten Gedichte widmete sie ihrem Mann, einem bekannten Notar, der bereits 1931 starb. Zwischen 1933 und 1936, dem Erscheinungsjahr des im Selbstverlag erschienenen gleichnamigen Bandes, aus dem der Verlag eine Auswahl traf, bemühte sie sich ernsthaft, ihre Erlebnisse poetisch zu gestalten. Denn – wie sie selbst sagt – verdankt sie alle Gedichte einem bestimmten Erlebnis, sind alle angeregt worden durch Reisen, Schicksale, Naturkatastrophen.

Nach der Herausgabe des Bandes, von dem sie tausend Exemplare drucken liess, hörte sie auf zu schreiben und zog es vor, sich anderen Beschäftigungen zu widmen und zu reisen. Nur der Plan, die Biographie ihres Mannes zu schreiben, beschäftigte sie lange, er wurde aber nie ausgeführt.

Dadurch, dass sie einige Gedichtbände verschenkte, zum Beispiel auch an den Stadtammann von Aarau, wurde sie bekannt. Im Lauf der Jahre erhielt sie viele Bestellungen aus privaten Kreisen und von Buchhandlungen. Alle diese Bestellungen führte sie persönlich aus und brachte die Pakete selbst zur Post. Im Märzheft der Zeitschrift ATLANTIS, dem Aargau gewidmet, erschienen 1964 zwei Gedichte von ihr.

Woher die Kraft?

Die Mutter, sie zwei Buben hat,
Kräftig, groß, gesund sie sind;
Da ist nicht die Frage von delikat,
Der Arbeit, sie sind wohlgesinnt.

Gar klein der Mutter Geldsack ist,
Woher die Kraft der Buben? –
Aus dem Hafersack! – Ihr wißt! –
Und dann hinaus aus den Stuben!

Aus Milch und Hafer jeden Morgen
Die Buben essen süßen, dicken Brei,
Fort sind alle die bösen Sorgen,
Die Buben werden kräftig nur dabei.

Die alten Schweizer, sie wußten es,
Auf Reisen ging's mit Hafersack;
Die Kraft: Den Müttern gesagt sei es,
Sie kommt aus dem Hafersack.

Saas-Fee

Die Perle der Alpen ist Saas-Fee
Ein idyllisches Bergdorf mit Renommee,
Auf einem grandiosen Hochplateau,
Inmitten Tannen und Gletschern en gros.

Wandernd durch das romantische Saastal.
Dem sagenumsponnenen Original,
Wir begegnen großartigen Szenerien
Und erleben der Alpen Zeremonien.

Rosenlaui-Schlucht

Auf dem herrlichen, idealen Weg
Über die berühmte Große Scheidegg;
Da kommen wir zum Rosenlaui-Bad,
Ein Berghotel von Gottes Gnad.

Zehn Minuten um die Bucht
Sich öffnet die Rosenlaui-Schlucht,
Eine Sehenswürdigkeit ersten Ranges,
Inmitten eines wuchtigen Felsenhanges.

Da stürzet hinunter der Rosenlauibach,
Donnernd und polternd mit Ach und Krach,
Zum Wandersmann zischend er spricht
Von des Wassers Macht und Gewicht.

Gruselnd schön gesichert im Gelände,
Der merkwürdig gewundenen Felsenwände,
Oben den klarsten aller Gletscher
Erreichen wir: den Rosenlauigletscher.

Herbstzeitlose

Als letzter floristischer Wiesenschmuck
Erscheint im Herbst die Herbstzeitlose,
Mit ihr ist es zwar so eine Chose,
Jedem Tier sie verursacht einen Ruck.

Auch der Landwirt verspürt so einen Druck,
Ausrotten möcht er sie erbarmungslose,
Doch ein so großes Feld ist hoffnungslose,
Nur nicht das Messer in der Tasche zuck'.

In der Sprache der Liebenden bedeute
Die Zeitlose Erinnerung an glückliche Tage,
Auf einen strengen Winter sie deute:

Wenn tief in die Erde die Knolle sich wage,
Aus dem Gift der Pharmazeute
Erleichtere Gicht- und Rheuma-Plage.

Platzregen über den Aarauer Meienzug
(1934)

Wohl über eine halbe Stunde lang,
Die Jugend der Stadt, meiengeschmückt,
Sie ziehen an uns vorbei hochbeglückt,
Unter froher Glocken Schall und Klang.

Und leider das Gewölk über der Wasserfluh,
Grau und grauer werdend immerzu,
Den Glücklichen zwar droht keine Gefahr,
Bis jeder spürt ein tüchtiges Exemplar.

Ein regelloses Fliehen unter Bäume,
Schirme, Häuser, Dächer, Fluren!
Teuflisch wirken des Platzregens Spuren!
Die Wut nur jeder sachte, sachte zäume!

Auf eine harte Probe wird gestellt
Die Geduld der Jungen, wie der Alten,
Bis die graue Wetterwolke ganz zerschellt,
In blaue Töne sich will umgestalten.

Sprungweise nun, wie im Gefecht,
Wenn feindliche Flieger kreisen in der Luft,
Der Stadtkirche zu wird nun gepufft
Von einer Deckung zur andern kunstgerecht.

Katastrophe

Ein äußerst heftiger Wind,
In der Luft er experimentieret,
Nicht einer ihm entrinnt,
So er mit ihm nicht harmonieret.

Ein Flugzeug, dreimotorig,
Über die Bäume fliegt hinweg;
Wenig Zeit ihm bleibt vorig,
Zu finden den Landungssteg.

Der Pilot kaltblütig bleibt,
Den Apparat im Gleichgewicht behält;
Mit Vollgas er den Motor treibt,
Hochzukommen er für richtig hält.

Ein Flügel sich vom Flugzeug löst,
Das Flugzeug kippet vorneüber,
Stürzet ab, furchtbar das Getös,
Die Explosion hallet hinüber.

Den Insassen Hilfe zu bringen
Umsonst; hell lodern die Flammen,
Zehn Menschen ums Leben ringen,
Alle sie bleiben in Flammen.

Die Freudenträne

Unser Volk sich ist bewußt
Der Bedeutung des ersten August,
Riesig stark der Aufmarsch ist,
Die nationale Erneuerung, sie ist's!

Das Erinnern an die Ereignisse
Von Zwölfhunderteinundneunzig,
Die Eidgenössische Fahne, sie hisse!
Zur allgemeinen Feierstimmung einzig!

Das Rednerpult umgeben mit Bannern,
Mit eidgenössischen und kantonalen!
Der Herr Pfarrer die Rede schwingt,
In träfer Form zum Ausdruck bringt!

Eine Träne sich aus dem Auge stiehlt,
Auf der Wange des bejahrten Herrn
Für das Vaterland sie defiliert!
Für das Vaterland sie rinnet gern!

Es ist die Freudenträne
Des senkrechten Eidgenossen!
Es ist die Freudenträne
Des echten Patrioten !

Das schöne Wort

«Vater» wir ehrfürchtig dürfen nennen unsern Gott,
«Vater», das schöne Wort den Kindern steht zu Gebot,
«Vater» wird genannt der Herr Stadtammann,
«Vater des Vaterlandes» der Herr Landammann.

Dem Vater hohe Würde stehet gut,
Immerzu er zeiget frohen Mut,
Für seine Lieben er schaffet Tag für Tag,
Mit «Vater», welch schöner Feiertag!

Natürliches Geschoß

Am Springbrunnen es plätschert so leise,
Glitzernder Silberstaub sprudelt umher,
Rote und weiße Fischchen tauchen einher,
Schwimmend um die Wette in erklügelter Weise.

Flatternd und badend die Amsel sich regt,
Wohlig erfrischt sie huschet über den Hag;
Zwei Hörnchen tasten aus einem Verschlag,
Den Rücken mit einem Häuschen belegt.

Kommt durch die Lüfte ein Windesstoß,
Wird gründlich getauft was ringsumher,
Sei es die Palme oder der Lorbeer,
Eine Dusche von natürlichem Geschoß.

«Warum ich mein Mueti lieb habe»

*Aufsatz des zehnjährigen Chäsperli Halder
zum Muttertag 1954 mit Zeichnungen*

Bemerkungen zu diesen Aufsätzen

Ich erlebte meinen Vater, wenn er Zuhause war, vor allem in seiner Studierstube sitzend, stumpenrauchend und schreibend. So wollten mein Zwillingsbruder und ich auch schreiben und so lernten wir schon mit 4 Jahren in Blockschrift schreiben (siehe unsere Briefe an das Christchindli).

Am Muttertag pflegten wir Mueti eine Zeichnung zu schenken, aber 1954 (wir waren Viertklässler), regte Vati uns an, einen Aufsatz zu schreiben zum Thema: "Warum ich mein Mueti lieb habe". Das Resultat ist nachfolgend zu lesen und ist heute natürlich ein interessantes Zeugnis unserer damaligen Familiendynamik: Die Mutter in Haus und Garten und Vati im Büro.

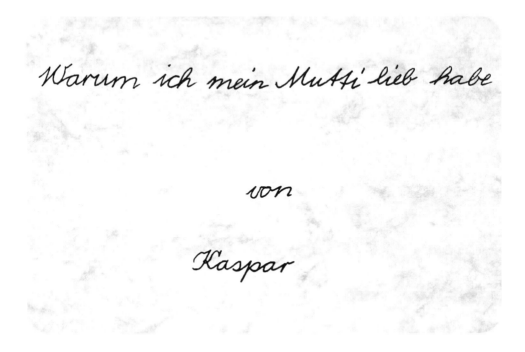

Warum ich es gern habe? Wenn ich das früher einmal gefragt worden wäre, so hätte ich gedacht: „Eine solch dumme Frage;" und wenn ich hätte antworten müssen, so hätte ich nicht so schnell etwas entgegnen können. Heute aber weiss ich gut Bescheid:

Ich habe es erstens lieb, weil es mich mit Hilfe von Vati, auf die Welt gebracht hat. Weil es mir immer den Schoppen gewärmt hat, und mir warme Kleidlein gestrickt hat. Es hat Heiner und mich spazieren gefahren, und uns seinen Hochzeitsschleier geopfert, den es über das Bettlein spannte, um die Fliegen abzuwehren. Es hat uns immer einen feinen Bappen bereit gehalten, und mit uns gebetet und es hat uns immer behütet. Als ich älter ward hat es mich Gehen gelehrt, hat mir immer schönes Spielzeug gegeben, so, dass es mir nie langweilig ward. Später habe ich schon ein bisschen lesen können und schreiben in Blockschrift. Auch das habe ich Mutti zu verdanken. Dann hatte es mich schöner essen gelehrt und mich weiter beschützt,

Beim Rasenmähen

Beim Üben am Klavier

Beim Zahnarzt

Bei den Aufgaben

dass mir nichts zustossen konnte. Ich will jetzt nicht weiter aufzählen, aber etwas muss ich schon noch sagen: Mann muss Mutti gern haben. Denn schliesslich macht es den ganzen Haushalt. Es kocht, putzt, bettet, glänzt die die Schuhe, tischt, wäscht ab. Es hilft uns bei den Schulaufgaben und beim üben. Es gibt uns Kleider und Schuhe, dass wir nie frieren. Es sät im Garten den Salat und die Blumen, pflegt beides, und wenn es unbrauchbar oder verwelkt ist so reisst es das alte aus und tut irgend etwas neues hin, so, dass wir immer einen schönen Garten haben. Es macht überhaupt viel im Garten. Es mäht den Rasen, jätet die Wäglein, spritzt die Blumen, liest das Obst zusammen, bindet die Blumen die vornüber hangen an Stecker, dass sie gerade stehen, verteilt den Mist so, dass jede Blume Dünger genug hat, pflegt die Spaliere, und arbeitet noch viel anderes. Und überhaupt muss man es lieben, weil es ja die Mutter ist. Es gibt nur eine richtige Mutter, und diese muss man lieben und gern haben solange man beisammen (ist) sein kann. Sie ist es ja, die meistens um einem ist, und sie ist es die einem erzieht. Wenn jemand schlecht erzogen ist, so weiss man, dass es seiner Mutter gleich ist, wenn der Sohn (oder die Tochter) sich unanständig benimmt. Bei meinem Mutti ist es zum Glück nicht so. Darum muss man die Mutter gern haben. Ich glaube fast jedes Kind liebt seine Mutter mit Recht, und ich hoffe, dass es nicht allzuviele gibt, die nicht nett sind zu ihren Kindern. Und darum bin ich froh und zufrieden mit meinem Mutti, und ich wünsche mir kein anderes. Ich habe Mutti viel zu verdanken. Wenn Kleider zerrissen sind, so flickt es sie, strickt mir Socken und wäscht mir das dreckige Zeug. Wenn ich zum Zahnarzt oder Doktor muss, so kommt es manchmal mit um mich zu trösten und zu bruhigen. Es schaut, dass ich es nicht streng habe, und gibt mir viele freie Stunden. Es gibt mir sein Velo, dass ich herumfahren kann, und gibt mir Geld dass ich an Samstag-Nachmittagen

in die „Pfadi" kann. Es hat schon viel gopfert für Weihnachts- und Geburtstagsgeschenke. Es gibt mir Material, dass ich andern eine Freude bereiten kann, es gibt mir Anleitungen und gute Räte. Es hilft mir beim Zeichnen für die Schule, bei der Geographie und im Rechnen. Es gibt mir Lohn wenn ich im Garten arbeite. Auch gibt es mir Antwort wenn ich etwas nicht weiss, und es es weiss. Manchmal geht ihm auch die Geduld aus, aber das begreife ich, wenn ich etwas einfach nicht lernen will. Und ich habe in der Klavierstunde schon fast immer können was ich musste. Ja, darum habe ich mein Mueti gern, und vielleicht habe ich noch vieles vergessen aber ich hoffe, dass dieser Aufsatz Mueti freuen wird, denn ich habe geschrieben was mir gerade einfiel. Ich hoffe, dass mein Mueti noch lange lebt und ich ihm noch manche Freude bereiten kann.

LIBESKRISTKIUTL
BISOGUTBRINGMI
REPNKLAVIR.
KATRARHALDER.
UDØRZONETFINEMUSIK.

Dasselbe von Heinerli Halder

*Wir waren Viertklässler
unserem Mueti als Muttertagsgeschenk*

Warum ich mein Mutti gern habe.

von

Heiner

Warum ich das Mutti gern habe? Das ist eine komische Frage, könnte man denken, dabei ist diese Frage gar nicht so dumm wie man meint! Ich will es beweisen:

Ich habe das Mutti gern, weil es überhaupt meine Mutter ist. Weil sie mich auf die Welt gebracht hat, mich gefüttert getränkt zuerst mit Schoppen, dann mit Brei, Rührei und weiss ich was alles. Es hat mich in das Spital bringen lassen, als ich nicht essen und trinken wollte. Als ich klein war, gaben mein Bruder und ich ihr sicher viele Arbeit. Wenn man hören würde, was wir alles anstellten, würde man sicher denken, diese Mutter müsste verzweifeln. Meine aber hat das nicht. Zum Beispiel an Melis Taufe waren Kaspar und ich allein daheim. Weil ich immer strampelte, band man mich in meinem Bettchen fest, denn sonst wäre ich aus dem Bett gepurzelt, Kaspar hingegen band man nicht an. Diese Gelegenheit benutzte er und schlüpfte aus dem

Bett, nahm eine Vimdose und bepuderte mich im Gesicht und am Kleid. Sicher war auch der Boden voll Vim. Da gab es sicher ein Trösten und Schimpfen. Da sieht man! Sogar nach einer Taufe muss man schelten! So könnte ich noch mancher Streich erzählen. Ich weiss vielleicht nicht einmal alle. So kann man denken, das es schwer war uns zu erziehen. Und als erst noch Ueli auf die Welt kam. Da wurde es sicher zweimal so schwer uns Knaben zu erziehen weder vorher. Ich bin keine Frau und kann das nicht beurteilen aber ich glaube wenigstens: „Es war schwer."

Auf der „Züglete" nach Schinznach durften Kaspar und ich nach Hallau, Ueli aber durfte nach Lenzburg. In Schinznach war es, so weit ich mich erinnere, ziemlich schön. Mir kommt gerade in den Sinn, dass wir mit der Mutter einmal Kartoffelkäfer von den Kartoffelstauden lasen. Da waren wir sicher

doppelt so flüssig, denn das Mutti wär ja dabei. Es erklärte uns, dass man die Kartoffelkäfer zuerst sieden müsse, und dann in das W.C. werfen müsse. Als ich dann ungesotten in das W.C. warf, schimpfte es nicht einmal, sondern sagte nur, es mache nichts.
Beim Umziehen nach Aarau, mussten wir wieder nach Hallau. Ueli aber durfte beim „Zügeln" helfen. (Ich glaube nicht, dass er viel helfen konnte.) So mussten Mutti und Vati alles machen.
Ich habe das Mutti auch lieb, weil es für uns kocht. Das Morgen-, Mittag- und Nachtessen. Wenn es mich manchmal auch nicht gut dünkt, die Hauptsache ist, dass die andern es gern haben, und dass es überhaupt etwas zu Essen gibt. Manchmal möchte ich noch mehr haben. So für den „Glüscht" oder auch für den Hunger. Dann gibt mir Mutti manchmal nichts mehr, oder dann noch

ganz ein wenig. Das macht ja nichts,
denn ich esse sonst schon für zwei.
Dann muss ich nicht noch wie drei
essen, sonst esse ich das Mutti
noch arm.
Ich habe mein Mutti auch noch lieb,
weil es für uns alle sorgt, uns
Kleider kauft, die zerissenen Strümp-
fe stopft, und die Risse in den
Hosen flickt. Weil es die Stube putzt,
dass es nicht wie in einem Schwei-
nestall aussieht, die Betten bettet,
dass sie alle Abende frisch sind,
und die Schuhe putzt dass sie
glänzen, dass man sich spiegeln
drinn könnte. Wenn jemand krank
ist, sorgt es für ihn. Bringt ihm
Tee, macht ihm, wenn es nötig ist,
kalte oder warme Umschläge, und
geht unermüdlich Treppauf, Treppab.
und wird nie müde zu trösten.
Wenn man nach ihr ruft, ist
sie sogleich zur Stelle. Einmal
war die ganze Familie krank. Nur
die Mutter nicht. Da musste
sie erst recht arbeiten Uns zu

Essen bringen und uns zu pflegen. Nicht einmal am Sonntag darf die Mutter ruhen. Sie muss gleichwohl das Morgenessen, das Mittagessen und das Nachtessen kochen. Meistens gibt es noch zum „Zvieri" einen Kuchen. Manchmal, wenn das Mutti am Morgen nicht recht munter ist, gibt ihm Vati C.Phos. Dann ist das Mutti den ganzen Tag fröhlich und das ist recht. Manchmal wird es auch „verükt" (Ich weiss mich nicht anders auszudrücken!) Aber da sind wir ja meistens schuldig! Manchmal verheimlichen wir auch, etwas vor der Mutter. Aber ich will jetzt nicht gerade sagen was. Später, nach ein paar Jahren wird man es dann schon erfahren. Manchmal lügen wir die Mutter auch an. Ich habe es, glaube ich noch nie gemacht! (Zum Glück passiert das in unserer Familie nie.)
Ich liebe meine Mutter auch

Beim Spielen.

ganz besonders, weil sie uns zum Geburtstag, zur Weihnacht und auf Ostern so viele Geschenke macht, so, dass wir fast alles haben was wir wollen.
Leider kann uns die Mutter bei manchen Spielen nicht helfen. So müssen wir alles selber machen. Entweder muss sie etwas arbeiten, oder Vati etwas auf der Schreibmaschine abtippen. Und wenn sie dann einmal Zeit hat, und nichts arbeiten muss, dann gehen alle mit Feuereifer an das Spiel. Manchmal Poch, dann wieder Weltreise und alle andern Spiele die wir noch haben. Das ist meistens am Sonntag. An andern Tagen müssen wir in die Schule, und sie muss arbeiten. Darum muss man auch der Mutter zum Namenstag und zum Geburtstag eine Freude machen! Und das wollen wir alle!

LIBESKRISTKINT
LI. BI·OG—UT
BRING # MIR
EINE E︎ LEKT
RISCHE HELO
K———OMOT
IUMITETRO
M.
HEINER HALDER·

Dasselbe von Lorenz zum Geburri seiner Mama 1997

Ferner zwei analoge Werke des Viertklässlers Lorenz zum Geburtstag von Mama und Papa 1997.

Warum ich Mama Liebe

Mama wohnt in einem sehr schönen Haus,
verziert von wildem Wein.
Dort drin sind auch all die schönen Sachen
von Bücher über Essen bis Schmuck.
Das gute meist exotische Essen schmeckt fast immer
vorzüglich.
An dem PC, der im Wartezimmer steht,
hat Mama ihr sehr gutes Buch mit dem Titel:
"Ich komme zum zweiten mal auf die Welt" geschrieben.
In dem Haus hat es auch so viele Bücher,
von denen viele von Mama stammen.

Auch kann man unter ihren Sachen immer wieder neues entdeken.
Sie macht jetzt auch wieder Reisen, zwar nicht mehr solche von einem Ende der Welt zum anderen.

Als nächstes will sie nach Syrien fahren.
In Spanien hatte sie viele viele schöne Zeichnungen gemacht.

Sie macht sehr gute Cup Danmark ♥ und hat fast immer eine oder ♥ mehrere Flaschen Cola im Kühlschrank, und wenn nicht—dann giebt es einfach einen köstlichen Eis-tee.

Lorenz Halder

Wollen dich beschenken wir,
mache tes doch auch so ihr
Ich würde schenken dir gern Rosen
um dich gar rührig zu Liebkosen.

Lorenz Halder

Dasselbe von Lorenz zum Geburri seines Papa 1997

Warum ich Papa Liebe

Jeden Donnerstagnamittag gehe ich nach Aarau ins Lindenfeld. Dort wohnt mein Vater, den ich Papa nenne und den ich sehr liebe. Dort ist dann auch Mama, meine Mutter. Papa, der ein lieber und grosszügiger Mensch ist, lebt dort im Rollstuhl. Er hat eine Vorliebe für Sherlock Holmes und ist mit einer grossen Portion sogenanntem "Galgenhumor" gesegnet, den er von seinem Vater geerbt hat. In seinem grossen Büchergestell finde ich immer Bücher vo Sherlock Holmes, Daniel Düsentrieb u.v.a. In seinem Zimmer hat er unter anderem einen Fernsehaparat, eine Musikanlage, ein Telefon mit Fax (also ein Telefax?) und ein Videorecorder, auf dem er mir immer wieder einen Film aufnimmt, der mich sehr interessiert.

Jeden Sonntag holt Mama Papa im Lindenfeld ab und holt ihn ins Haus. Manchmal kann auch ich dabei sein, und dann ist es immer sehr schön so als Familie. Weil Papa im Rollstuhl sitzt, hat es im Haus einen Lift und einen Treppenlift. Wenn ich im Haus bin, spiele ich Portie und fahre Papa hinauf ins Parterre, dann mit dem Treppen- Lift in den ersten Stock.

Leider kann man Papa nicht so gut verstehen und es ist etwas kom- pliziert wenn man immer wieder wie bitte? was? fragen muss.

Im Haus hat es ausserdem ein Büro das Papa gehört. Dort spiele ich oft mit all den sachen wo's hat. Da hat es zum Beispiel Feueranzünder, Tipp-ex, Filzstifte, Farbstifte, ein Mikroskop, Kassetenrecorder, Flipperkasten und vieles mehr. Papa erfindet sehr schöne Schuttelricks und Klapperhornverse für seine Bücher. Gerade schreibt er ein neues Buch, in dem er auch von mir schreibt. Er hat viele Sachen von mir in einem Ordner gesammelt zum Teil wo ich noch 5 Jahre alt war. Es sind Postkarten, Zeichnungen, Briefe, Aufsätze usw.

Eein Geni wie Papa
War wohl noch nie da
Doch er ist auch ganz ganz lieb
So dass ich ihn den Vers da schmied.

«Best of Düggeli»

Gedichte, Texte und Zeichnungen von Lorenz

Veronika sammelt Zeichnungen, Texte und Gedichte von Lorenz und hier sind einige besonders schöne Werke abgebildet.

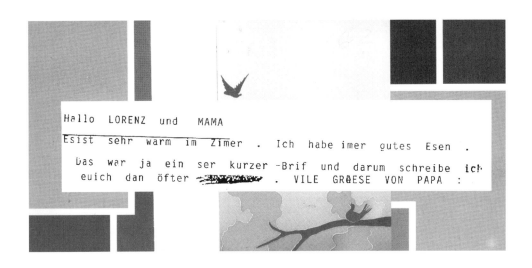

```
:HALIHALO  LORENZIO   UND    MAMEMIO        , PAPA
                                              ------
   ICH   BINS   DER   PAPA   ::.   UND   WER   IST   DEN   DAS
      DA  ?   ICH   GLAUBE   DAS   IST   LORENZ  .
      JA   ESISZT   LORENZ  .   HALLO   LORENZ  .
      he   wer   ist   DEN   DAS   NEBEN   LORENZ   :
         ICH   WETE   ES   IST   MAMA  .   JA   ES   IST   MAMA  .
      hallO   MAMA  .   und   da   haben   wir   DEN   DA
      DASMUS   PAPA   SEIN       .   JA   ESIST   PAPA  .HALLO   PAPA  .
                        ---
```

Diese zwei Briefe schrieb Lorenz auf der elektrischen Schreibmaschine – Korrekturband funktionierte nicht – als er bei Mama 10 Tage seiner Frühlingsferien 1995 verbrachte.

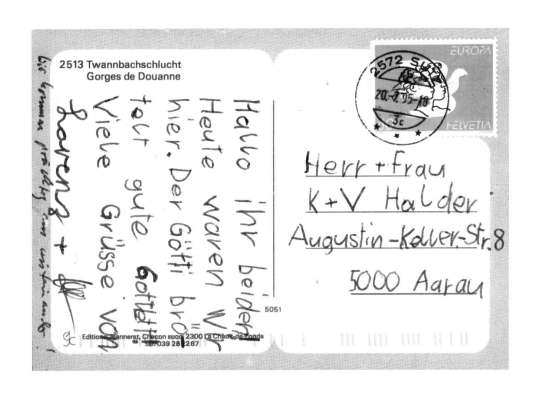

Mama ist häte nicht da
Lorenz fer mist si!
Hofentlich ist si nechste
Woche wider her! iawol!
Lorenz   16. deceber. 1993.

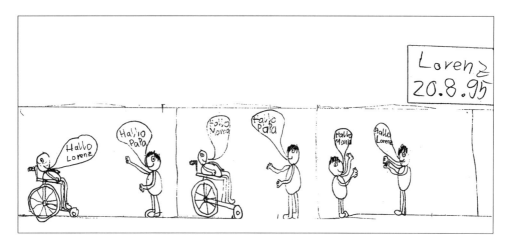

Dichtungen von Lorenz
für Sämi zur Aufnahme als Fuchs der INDUSTRIA

Juni 1997

Sämi will vom Spefuchs zum Fuchs in der Industria aufgenommen werden, was er u.a. durch Dichten erreichen kann. Lorenz wurde dadurch zum «Verslibrünzle» animiert.

Eine Idee tut not
doch mit einem Stück Brot
fällt mir was ein
Das ist doch fein

Der Doktor sagt
als ich in frag
~~Sie leiden an Gicht~~
Sie haben Gicht
Nur das Nicht

Dragula liegt auf der Frauen
Da gibt es einen kleinen Schauer.
Die sind alle triefend Nass
Und Dragula sprüht vom Hass

Dragula trinkt das Blut
von der Frau die da Ruht.
Er schmeckt es von weit Her
Und saugt den ganzen Körper Leer

Da in der Nacht
kommt Dragula gebt Acht
Enkommen tut ihm keiner
Er erwischt den Schreiner

TABA

HILTON

Lieber PaPa Liebe MaMa

Es ist sehr heiss.

Bis Jetzt ist das schnorcheln sehr gut gegangen.

Am Mittwoch bin ich und Sämi ~~schnorchelten wir~~ schnorcheln gegangen.

Es hatte verschiedene Korallen.

Sie sahen etwa so aus:

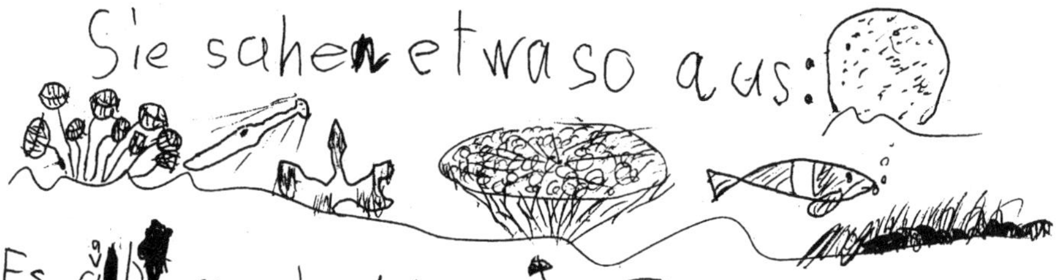

Es gibt auch Fische:

Dise hier hat Sämi gezeichnet

VIA, EGYPT : TABA , BEACH - SOUTH SINAI - EGYPT
VIA, ISRAEL, P.O. BOX : 892 EILAT 88107
TEL. : VIA ISRAEL + 972 - (07) - 379222 FAX : + 972 - (07) - 379660
TEL. : VIA EGYPT + 20 - (062) - 530140 / 7 FAX : + 20 - (02) - 5787044

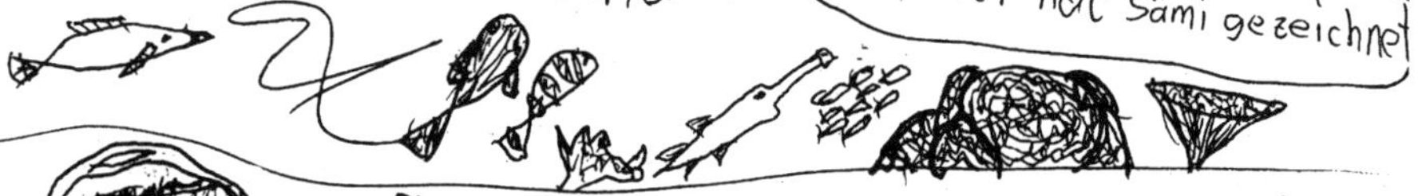

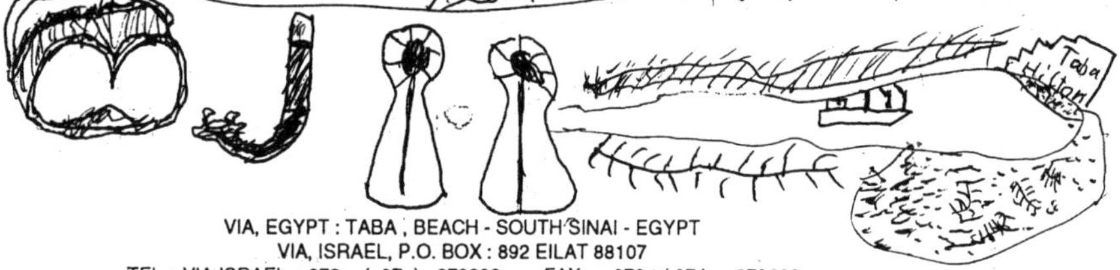

In diesem Hotel haben sich vor ca. 1 Mt. Arafat und Peres getroffen.

Um 11 Uhr 30 gehe ich dann springen. Beim springen (vom Land über eine Latte ins Wasser) geht das etwa so:

Nach Altersklasse
Der beste gewinnt einen Gutschein für eine Glace.

Um 12 Uhr 30 gehe ich dann zum Bogenschiessen. Jetzt warten wir (einige Stunden später) auf das Nachtessen. Leider gibt es enst um 7 Uhr Nachtessen. Wir verhungern fast! Heute gibt es Orientalisches Essen. Leider sind die Ferien so schnell vorbeigegangen. Ich danke euch, dass ihr mir die Ferien Bezahlt habt! Viele Grüsse von
Lorenz Halder,

Hämbörger-Gräuel

Den neuen Duden hol der Täufel

Rechtschreibreform ist ein Dauerbrenner. Der nachfolgend abgedruckte Beitrag ist eine satirische Vorwegnahme des Chaos, das mit dem neuen Versuch 1997 angerichtet wurde.

Schritte zur Rechtschreibreform

Aus der «Druckwelt» Nummer 13/74

Erster Schritt:
Wegfall der Großschreibung
einer sofortigen einführung steht nichts im weg, zumal schon viele grafiker und werbeleute zur kleinschreibung übergegangen sind.

zweiter schritt:
wegfall der dehnungen und schärfungen
dise masname eliminirt schon di gröste felerursache in der grundschule, den sin oder unsin unserer konsonantenverdoplung hat onehin nimand kapirt.

driter schrit:
v und ph ersezt durch f, z ersezt durch s, sch ersezt durch s
das alfabet wird um swei buchstaben redusirt, sreibmasinen und sesmasinen fereinfachen sich, wertfole arbeitskräfte könen der wirtsaft sugefürt werden.

firter srit:
q, c und ch ersest durch k, j und y ersest durch i, pf ersest durch f.
iest sind son seks bukstaben ausgesaltet, di sulseit kan sofort von neun auf swei iare ferkürst werden, anstat aksig prosent reksreibunterikt könen nüslikere fäker wi fisik, kemi, reknen mer geflegt werden.

fünfter srit:
wegfal fon ä, ö und ü seiken.
ales uberflusige ist iest ausgemerst, di ortografi wider slikt und einfak, naturlik benotigt es einige seit, bis dise vereinfakung uberal riktig verdaut ist, fileikt sasungsweise ein bis swei iare, anslisend durfte als nakstes sil die fereinfakung der nok swirigeren und unsinigeren gramatik anfisirt werden.

aus der korespondens, "seitsrift fur tegstferarbeitung"

«Best of Imbi»

Komische Statements aus aller Welt
(alle Zitate sind echt)

Die komischen Statements aus aller Welt stammen aus dem Internet und wurden mir per Fax übermittelt von Imbi Gassmann – Manager bei HP Switzerland – den ich anlässlich eines «Zuvielschutz»-Kaderkurses kennen und schätzen lernte.

In a Bangkok temple:
It is forbidden to enter a woman even a foreigner if dressed as a man.
In a Tokyo bar:
Special cocktails for the ladies with nuts.
In a Copenhagen airline ticket office:
We take your bags and send them in all directions.
On the door of a Moscow hotel room:
If this is your first visit to the USSR, you are welcome to it.
In a Norwegian cocktail lounge:
Ladies are requested not to have children in the bar.
In a Budapest zoo:
Please do not feed the animals. If you have any suitable food, give it to the guard on duty.
In the office of a Roman doctor:
Specialist in women and other diseases.
In an Acapulco hotel:
The manager has personally passed all the water served here.
In a Tokyo shop:
Our nylons cost more than common, but you'll find they are best in the long run.
From a Japanese information booklet about using a hotel air conditioner:
Cooles and Heates: If you want just condition of warm in your room, please control yourself.
From a brochure of a car rental firm in Tokyo:
When passenger of foot heave in sight, tootle the horn. Trumpet him melodiously at first, but if he still obstacles your passage then tootle him with vigor.
Two signs from a Majorcan shop entrance:
English well talking. Here speeching American.

Here are some signs and notices written in English that were discovered throughout the world. You have to give the writers an 'E' for Effort. I hope you enjoy them.

In a Tokyo Hotel:
Is forbidden to steal hotel towels please. If you are not a person to do such thing is please not to read notis.

In a Bucharest hotel lobby:
The lift is being fixed for the next day. During that time we regret that you will be unbearable.

In a Leipzig elevator:
Do not enter the lift backwards, and only when lit up.

In a Belgrade hotel elevator:
To move the cabin, push button for wishing floor. If the cabin should enter more persons, each one should press a number of wishing floor. Driving is then going alphabetically by national order.

In a Paris hotel elevator:
Please leave your values at the front desk.

In a hotel in Athens:
Visitors are expected to complain at the office between the hours of 9 and 11 A.M. daily.

In a Yugoslavian hotel:
The flattening of underwear with pleasure is the job of the chambermaid.

In a Japanese hotel:
You are invited to take advantage of the chambermaid.

In the lobby of a Moscow hotel across from a Russian Orthodox monastery:
Your are welcome to visit the cemetery where famous Russian and Soviet composers, artists and writers are buried daily except Thursday.

In an Austrian hotel catering to skiers:
Not to perambulate the corridors in the hours of repose in the boots of ascension.

On the menu of a Swiss restaurant:
Our wines leave you nothing to hope for.

On the menu of a Polish hotel:
Salad a firm's own make; limpid red beet soup with cheesy dumplings in the form of a finger; roasted duck let loose; beef rashers beaten up in the country people's fashion.

Outside a Hong Kong tailor shop:
Ladies may have a fit upstairs.

In a Bangkok dry cleaner's:
Drop your trousers here for best results.

In a Rhodes tailor shop:
Order your summers suit. Because is big rush we will execute customers in strict rotation.

Similarly, from the Soviet Wekly:
There will be a Moscow Exhibition of Arts by 15,000 Soviet Republic painters and

sculptors. These were executed over the past two years.
A sign posted in Germany's Black Forest:
It is strictly forbidden on our black forest camping site that people of different sex for instance, men and women, live together in one tent unless they are married with each other for that purpose.
In a Zurich hotel:
Because of the impropriety of entertaining guests of the opposite sex in the bedroom, it is suggested that the lobby be used for this purpose.
In an advertisement by a Hong Kong dentist:
Teeth extracted by the latest Methodists.
In a Rome laundry:
Ladies, leave your clothe here and spend the afternoon having a good time.
In a Czechoslovakian tourist agency:
Take one of our horse-driven city tours – we guarantee no miscarriages.
Advertisement for donkey rides in Thailand:
Would you like to ride on your own ass?
In a Swiss mountain inn:
Special today – no ice cream.

II. Freiwilliger Humor

Unernste Lieder – komponiert im Auftrag von Rapsak

Ich kann schreiben, dichten, reimeschütteln, zeichnen und malen, aber leider nicht komponieren – für mich die höchste aller Künste.

In schlaflosen Nächten schwirren mir allerlei wundersame Melodien durch den Kopf, aber ich bin ausserstande, diese am Morgen zu Papier zu bringen. Zum Glück habe ich musikalisch begabte Freunde, die bereit waren, in meinem Auftrag zu komponieren:

– Heiner Staehelin ist Professor für Geschichte und Latein
– Werner Schmid unterrichtet Klavier und spielt Cembalo und Orgel
– Peter Sonderegger ist Lehrer für Schulgesang und Oboe
– Rober Bollschweiler ist Berufsberater und Graphologe.

Werner Schmid – Hexen Song

Werner Schmid – Zwätschge Tango

Robert Bollschweiler – Rinderwahn Song

Robert Bollschweiler – Das Lied vom Stehgeiger

Peter Sonderegger – Düggeli Song

Heiner Staehelin – Die Postreise

Heiner Staehelin – Olga an der Wolga

Gedichte

von Frank Wedekind mit Scherenschnitten

Frank Wedekind – der berühmte Dichter und Schriftsteller der Münchner Bohème («Der Tantenmörder» resp. «Frühlingserwachen») wuchs auf Schloss Lenzburg auf und besuchte die Kantonsschule Aarau.

Im Buch «Poesie in Schwarz und Weiss» (vergriffen) erschienen einige seiner Gedichte mit Scherenschnitten von Edith Wiedemeier. Nachfolgend sind die Besten davon abgedruckt.

«Schwarze Magie».
Das Buch zeigt 100 filigrane Meisterwerke von Edith Wiedemeier.

Der Scriptor

Der Scriptor, der war hoch und hehr
Ein Mann von grossem Geiste.
Doch murrt man in der Schule sehr
Dass er so wenig leiste.
Das gab Epistel allerhand
Und bald war überall bekannt
Die grenzenlose Faulheit.

Vor dem Spiegel

(An mich selber mit einem Glas Egliswylersauser in der Hand)

Hier, dieses Glas, ich trink es auf dein Glück!
Mög es dir wohl ergehn zu allen Zeiten.
Du schaust mich an mit freudig heiterm Blick
Wirst du fortan auch Freude mir bereiten?

Du meinst, es werde wohl so schlimm nicht gehn.
Glaub mir, schon manchem ist sein Stern gesunken.
Wie werden wir, mein Freund, uns wiedersehn,
Nachdem du aus dem grossen Kelch getrunken.

Zwar trau ich dir; du hintergehst mich nicht.
Von dir hab ich noch wenig Leid erfahren.
Allein, das wechselt mit dem Sonnenlicht:
Man kann ein andrer werden mit den Jahren.

Was drum auch komme, bleib dir selber treu,
Lass dir zur Not den eignen Wert genügen!
Folg der Vernunft. Verachte das Geschrei
Des lauten Pöbels und der Eintagsfliegen.

Auf dass, wenn wir dereinst in weissem Bart
Und weissem Haar uns wiederum begegnen,
Ich greifen darf die Gunst der Gegenwart
Und, dich umarmend, unsere Freundschaft
segnen.

Die Sylphe

Anmutsvoll behend wie eine Sylphe
Mir enteilend trag ich dich im Sinn.
Gleich dem sanftbewegten schlanken Schilfe
Neigte sich dein Körper her und hin.

Sicher gleitend auf dem klaren Eise
Zog der kleine stahlbewehrte Fuss,
Rasche Linien, holde Zauberkreise
Meinem Aug ein Göttergruss.

Denn dich sah ich und vor meiner Seele
Schlossen sich des Himmels Pforten auf.
Dass ich unsrer Pfade Spur vermähle
Folgt ich deinem leichtbeschwingten Lauf.

Tugendhelden*

Ihr seid die Auserwählten des Herrn
Und habt die Tugend gepachtet.
Das Laster stand euch von jeher fern;
Ihr habt es verdammt und verachtet.

Ihr seid die Auserwählten des Herrn
Habt keine bösen Gedanken;
Und sündiget ihr auch noch so gern,
Das Gewissen hält euch in Schranken.

Doch, meine Lieben, brüstet euch nicht,
Weil ihr mit Tugend beschenkt seid;
Denn untersucht man dieselbe bei Licht,
So ist es nichts als Beschränktheit.

* Tugendhelden: gemeint sind die Lehrer von F. W.

«Schwarze Magie mit Schere und Papier»

Neuerscheinung Scherenschnitte von Edith Wiedemeier

Buchbesprechung von HH in der AZ

Der Lenzburger Druck 1995 «Poesie in Schwarz und Weiss» mit Gedichten und speziell dazu geschaffenen, diese illustrierenden Scherenschnitten war ein Bestseller, die dazu organisierte Ausstellung mit den Originalen war praktisch ausverkauft, und ein darauf basierender Dia-Vortrag mit Rezitation und Mieg-Musik im Müller-Haus musste kürzlich aufgrund des Publikumsaufmarsches am selben Abend wiederholt werden: Die Kunst von Edith Wiedemeier spricht viele Leute an.

Grund genug und höchste Zeit, ihr noch einmal eine Publikation zu widmen. Unter dem Titel «Schwarze Magie mit Schere und Papier» sind in einer bibliophilen Ausgabe «100 filigrane Meisterwerke» der Lenzburger Künstlerin vereint. Herausgeber des gediegenen Bändchens ist die Edition REDLAH Suhr. Es ist erhältlich in allen Buchhandlungen der Region, bei Goldschmied Stark in Aarau, wo Edith Wiedemeier als Goldschmiedin arbeitet, und bei Kaspar Halder, dem Verleger im Lindenfeld Suhr (Fax 062/824 77 66).

Die schwarzweissen Wunderwerke, welche die Künstlerin ohne Vorlage, ohne Vorzeichnen, ganz einfach mit einer kleiner spitzen Schere aus dem Gedächtnis heraus aus dem schwarzen Papier hervorzaubert, sind «Szenen aus dem Leben». Bevorzugte Sujets sind Pferde und Bäume, in deren Schatten sich die Generationen im Gespräch treffen, um deren Stamm sich die Kinder im fröhlichen Ringelreihen drehen, deren Kronen sich im aufkommenden Gewittersturm beugen, deren Äste schwer mit Schnee beladen sind, deren filigranes Blätterwerk die Sonnenstrahlen filtert.

Eine heile Welt. Ausgewogenheit und Harmonie sind Edith Wiedemeier elementares Bedürfnis. Trotzdem sind ihre freien Schnitte voll bewegten Lebens, halten das Typische, das Wesentliche, die Körperhaltung von Mensch und Tier fest, womit die Silhouetten lebendigen Ausdruck gewinnen. Wem in unserer technisierten Welt das Gefühl für Romantik nicht abhanden gekommen ist, sei das poetische Album warm empfohlen, ein geeignetes Geschenk.

«Best of Sutermeister»

Schüttelreime

Werner Sutermeister ist der wohl bekannteste Altmeister der Schüttelreimer-Gilde in der Schweiz.

Er war Deutschlehrer an einem Gymnasium in Bern. Zufällig unterrichtet er auch meinen Onkel Ernst Trachsel und meinen Deutsch- und Geschichtslehrer am Seminar Wettingen, Heinz Vogelsang und er begeisterte beide für die Schüttelreimerei. Letzterer animierte auch mich zu eigenen Versuchen in dieser edlen Kunst.

Nachfolgend seien einige Beispiele zitiert aus seinem längst vergriffenen Büchlein «Der fröhliche Apfelbaum».

Salat

Schlechter Redner

Er hat sich mühsam fortgewunden
und nie das rechte Wort gefunden.

Ja, ja!

Nicht jeder, der da freite zwo,
ward über seine Zweite froh.

Rezept für Ferienkolonien

Me git ne Milch u Heitibrei,
bis si die rächti Breiti hei.

Jä gäll, so geit's!

Lue dä prächtig Lanzeryter –
Hoppla ! uf em Ranze lyt er!

Zündhölzchen-Not

Die sonst bewährte Phosphorleuchte
geht manchmal nicht recht los vor Feuchte.

Unartiges

Du ahnst nicht, Mensch, wie sehr du weißt
schlau zu verbergen, wer du seist.

Du Weltverdross'ner wirst wohl auch zum Fähnlein zählen,
das übers Essen schimpft, weil ihm die Zähnlein fehlen.

Nach außen zeigt er ein bieder Gewissen,
grad wenn's ihn heimlich wieder gebissen.

Mich täuscht es nicht das kühle Schwatzen:
Im Grunde seid ihr schwüle Katzen!

O daß man jeden dummen Stänker
umwandeln könnt zum stummen Denker!

Teekonzert

Der Dirigent

Hab's nur als lust'ges Bild gewertet,
wenn sich der Mann so wild geberdet.
Es flattern ohne Grund die Schöße:
Nie leihen sie dem Schund die Größe.

Puccini

Puccini. Süßling, sei verflucht!
Hab's mit der Butterfly versucht
und hoffte, mit der Bötterflei
komm' ich dem Manne flötter bei.
O weh! Das trieft von Honigseim!
Ich komm ganz mendelssohnig heim !

Flöte

O endlos öder, langgezog'ner Flötenton!
Weh denen, die zu Dir, die Zeit zu töten, floh'n!

Cello

Heut muß mein Herz trotz Tongefunkel darben:
das Cello fehlt, sonor und dunkelfarben.

Geigen

Ich lausch' ihm gern, dem breiten Singen,
wie's die geschwung'nen Saiten bringen,
Doch wenn zu lang die Geiger zucken,
so muß ich nach dem Zeiger gucken!

Elementare Tischregeln

Blas' nicht, wenn etwa deine Suppe heiß,
so laut, daß jeder meint, 'ne Hupe sei's,
und lasse niemals deine Läll' ertappen
bei jenem höchst naiven Tellerlappen,
den Tieren gleich, die ihre Rüsselscheiben
am Grund des Troges und der Schüssel reiben.
Denk nicht: Gesprächslärm wird mein Schlürfen decken,
auch werd' ich mal am Finger dürfen schlecken.
Spiel nicht nervös mit deinem Messerböckli,
begierig schielend auf ein besser Möckli.
Woll' nicht den schönsten Teil des Hechtes retten,
dieweil auch andre gern was Rechtes hätten.
Mit Unmutsblicken man den Esser mißt,
der statt mit Gabel mit dem Messer ißt.
Und such dich dann nicht etwa stumm zu rächen
und lustig in den Zähnen 'rumzustechen.
Merk, daß sich mit der Hausfrau Fluch bedeckt,
wer's blütenweiße Tafeltuch befleckt.
Siehst endlich du beim Kaffee Zucker stehn,
sei brav und nimm dir nicht gleich Stucker zehn.
Du frägst: warum? Weil ich dich kenn, du Wanst!
Nun geh und werde anders, wenn du kannst !

Aus der Seelen-Apotheke

O Mensch, bewein dein' Sünde groß;
ersäuf sie nicht in schlechter Gründe Soß'!

Tu auf der Seele Fenster sperrn,
dann bleiben die Gespenster fern!

Zu frischer Tat laß dich vom Heute locken,
bleib nicht wie ausgelebte Leute hocken!

Froh verzichten und geben lerne:
Schenkende Menschen leben gerne.

Über den Autor

Dr. phil. Werner Sutermeister, geb.1868, von Zofingen, studierte, nachdem er das städtische Gymnasium in Bern durchlaufen hatte, in Basel, Leipzig und Bern Geschichte, Deutsch und Philosophie; 1891 erwarb er sich das Sekundarlehrerpatent, 1894 die Doktorwürde. Während sechs Jahren wirkte er als Lehrer an der Oberabteilung der städtischen Mädchenschule, im Frühjahr 1900 wurde er an das Gymnasium Bern gewählt und hat hier während 37 Jahren, am Progymnasium und an der Literarschule, später auch an der Handelsschule, Geschichte und Deutsch unterrichtet. Seinen Schülern den Sinn zu öffnen für den Reichtum und die Schönheit geschichtlichen Lebens, ihre natürliche Phantasie wachzurufen, war ihm eine Aufgabe, die er immer wieder in selbstloser Güte und Begeisterung durchführte.
Jahrelang hat er auch das Orchester des Gymnasiums geleitet. Leider zwang ihn die Schwächung seiner Kräfte, sich 1937 in den Ruhestand versetzen zu lassen. Am 19. April 1939 starb er im Alter von 71 Jahren (Jahresbericht 1937, Städtisches Gymnasium Bern).

«Best of Schüttlericks»

von RAPSAK mit Helgen von KONGO

Viele Leser dieses Buches dürften meine Schüttlericks (geschüttelte Limericks) kennen, aber für die unzähligen anderen seien hier einige besonders gelungene Exemplare – kongenial illuminiert von KONGO (Walter Kuhn) zitiert. Übrigens: Mein edles Buch «Reimgeschüttel und Versgeklapper» ist noch erhältlich.

Delikatessen-Schüttlerick

Otto - der alte Bademeister
In eine fette Made beisst er!
Ob das gut war?
Denn vor Wut gar,
Den Rest ins Schwimmerbecken schmeisst er!

Klapperschlangen-Schüttlerick

Es klapperte die Klapperschlang
Bis ihre Klapper schlapper klang
Damit sie nicht mich beisst ein
In den Hintern bei dem Steissbein
Mach ich mich auf zum Schlangenfang!

Lieber Schüttelfreund!

Letzte Nacht ist mir untenstehender schöner Vers eingefallen und ich möchte zeigen, wie dieser Schüttlerick entstand. Ich hirnte stundenlang bis mir ein neuer Schüttler einfiel – diesmal: «Weltbild – bellt wild».

Nun musste ich eine passende Szene mit einem Hund der Grund hat wild zu bellen basteln. Den zweiten Schüttler zu finden brauchte Stunden. Der Rest war Routine. Logik in die Chose bringen, die Anzahl Silben koordinieren und den Feinschliff machen.

RAPSAK REDLAH   7.6.1995

Nachtwicht-Schüttlerick

Tasso hat ein etwas eingeengtes Weltbild
Er ist ein Kettenhund und er bellt wild
Wenn er wacht nicht
Kommt ein Nachtwicht
Der dem Bauern Speck und Wurst und Geld stiehlt!

Warzenschwein-Schüttlerick

Ich trinke gerne schwarzen Wein
Zum Leibgericht: dem Warzenschwein
Die Beute hier
Ist heute Bier
Und das finde ich gemein!

Limerick-Trilogie

zur Geburt von Florian Hunziker von RAPSAK

Florian Till Hunziker ist das Kind von Schwester Marlise. Er kam erst mehrere Wochen nach Termin zur Welt, eine schwere Geburt.

Gratulationslimericks von RAPSAK 3.4.1995

De Marlis ihre süesse Mocke
Hett cheibe lang halt welle hocke
Überem Darm
Dört isch es warm
Nüüt het ihn chönne use locke

* * *

Si het zum jubiliere Grund:
Denn er isch do und er isch gsund!
E Keiserschnitt
Igitt, igitt
Jetz isch er duss und wiegt nün Pfund!

* * *

Hätt chönne wette wi bim Lotto
Er heissi «Hugo» oder «Otto»
Doch «Florian Till»
Sig's halt wie's will:
Hauptsach: «Gsund und gfräss isch s Motto»!

«Best of Nüsperli»

Drei heitere Geschichten

Bruno Nüsperli ist Maschineningenieur, Politiker und Oberst im Generalstab. Nebenbei aber lokal bekannt durch Verüben von allerlei Ulk und Schabernak, was ihn nicht überall beliebt machte und schliesslich zur Aufgabe seines Grossratsmandats zwang. Er veröffentlichte ein höchst vergnüglich zu lesendes Buch «Der lachende Polizist» mit Kurzgeschichten, von denen die für mich schönste «Kunst und Politik» hier abgedruckt wird.

Kunst und Politik

In der Geschichte der Stadt Aarau kann auf Seite 731 über «Kunst am Bau» folgendes nachgelesen werden: «Auch der Steuerzahler hat in den verflossenen Jahrzehnten zu jedem öffentlichen Bauwerk Kredite für die künstlerische Ausschmückung bewilligt. Abstrakte Kunstwerke riefen gelegentlich unvorhergesehene Reaktionen hervor. Agustonis «Steinkugeln» vor dem Heroséstift wurden über Nacht in lachende Gesichter verfremdet, was, wie die Kugeln selbst, geteilte Aufnahme fand.»
Was es mit dieser letzten Bemerkung auf sich hat, erzählt die folgende Geschichte.

In Kleinhausen wurde ein Altersheim gebaut. Es sollte etwas Schönes geben, denn das war man den Alten schuldig. Auch konnte angenommen werden, dass sich mancher eher zu einem Umzug und damit zur Preisgabe des eigenen Hauses bereitfände, wenn im Altersheim etwas vom Sozialprestige spürbar wäre, dessen man sich bisher erfreut hatte. Und schliesslich eröffnete die Nachbarstadt Grosshausen erst kürzlich eine Alterssiedlung, die als vorbildlich in der gesamten Regionalpresse gerühmt worden war. Da durfte man nicht zurückstehen.
Solche Überlegungen standen zwar nicht in der Botschaft des Stadtrates an die Stimmbürger, aber hinter den verschlossenen Türen der vorberatenden Kommission spielten sie eine Rolle. Auch konnte, wer den Freitagsstamm im Adler besuchte, manches davon hören.
Es wurde ein schönes Altersheim. Die Fassaden aus rötlichen Fertigelementen standen denen, die damals landauf landab in allen bedeutenden Städten eröffnet wurden, in nichts nach. Dies war auch nicht weiter erstaunlich, denn die Bauleitung lag in den Händen des bewährten Generalunternehmers Klotz AG. Die besorgte Frage, ob denn solch farbige Häuser zu einem Altersheim passten, wurde rasch und überzeugend

erstickt mit dem Hinweis, dass man das heute so mache, dass die heutigen Alten auch nicht mehr von gestern seien und man mit der Zeit gehen müsse. «Ich hatte ja anfangs auch etwas Mühe», gestand der Kommissionspräsident treuherzig, «aber der Herr Architekt Patrick H. Obermüller hat uns alle überzeugt; der Fortschritt lässt sich nicht aufhalten und das Rad der Zeit nicht zurückdrehen».

Mit der künstlerischen Ausgestaltung wurde der im Nachbardorf aufgewachsene Steinplastiker Enrico Primavera betraut. Er hiess ursprünglich Erich Lienhard, änderte aber seinen Namen nach zwei Münchner Semestern «Kunst am Bau». Er pflanzte siebzig rötliche Steinkugeln mit verschiedenen Durchmessern vor das Haus, jede auf einem verchromten Ständer. Der Künstler sprach von Kontrastwirkung (Stein in Stein), Spannungszustand und archetypischer Form- und Materialwahl, kassierte achzig Riesen und verschwand.

Drei Tage später erschien der erste Leserbrief im Lokalblatt. Ob der Stadtrat noch alle Tassen im Schrank habe, wurde da gefragt, soviel Geld für so einen Schmarren hinauszuwerfen? Der Brief bewirkte vorerst, dass männiglich aufmerksam wurde und am darauffolgenden Sonntagnachmittag einen persönlichen Augenschein vornahm. Zu Hunderten spazierten wohlgekleidete Bürgersfamilien mit Töchtern und Hund (die Söhne weilten am Fussballmatch) zufällig durch die sonst leere Strasse; manche wählten die Form einer Spazierfahrt mit dem Audi, Opel oder Volvo. Am Montag waren es drei Leserbriefe, am Mittwoch zwanzig. Alle sprachen sich gegen das Kunstwerk aus, empörten sich über die Verschandelung und fragten, was denn die alten Leute mit den Steinschädeln anfangen sollten; man hätte ihnen allgemein etwas Netteres gegönnt. Viele störten sich am hohen Geldbetrag, für den es wahrlich bessere Verwendung gegeben hätte: für das Altershilfswerk, für das Jugendhilfswerk, für das Winterhilfswerk, für das Sommerhilfswerk. Einige warteten mit besseren Vorschlägen auf, etwa ein Reiterstandbild, ein nettes Mädchen mit Blumenstrauss oder, in Anlehnung an die Bewohner, einen alten Mann mit Meer. Ein einziger warb auf gescheite Art um Verständnis für die Gegenwartskunst, indem er deren Symbolhaftigkeit unterstrich, barocke Vergleiche anstellte und weitausholend auf das Grundsätzliche des Seins hinwies. Seine Worte aber verhallten ungehört im Blätterwald.

Gegen Ende der Woche verebbte die Flut der Leserbriefe allmählich und es stand zu erwarten, dass gelegentlich Ruhe an der Steinkugelfront einkehren und die Sorgen um den Alltag wieder überhand nehmen würden. Da geschah etwas, das nochmals alle Gefühle aufpeitschte und mit gewaltigem Sturm die gebeutelte Kunstszene von Kleinhausen überzog. Da gab's die alternde Familie Nöll, die sich jeden Samstag zum gemeinsamen Mittagsmahle in der Wohnung der Eltern traf. Es wurde getratscht und geklatscht, alte Zeiten wurden hochgelobt, neue kritisch gewürdigt und hängige Fragen angegangen: eine aus der Mode geratene, aber immer noch wirkungsvolle Art innerbetrieblicher Kommunikation auf Stufe Kleinfamilie. Selbstverständlich fand die Kontroverse um das Altersheim gebührend Beachtung. Die im mittleren Alter stehende Tochter Yolantha meinte scheinheilig, dass man eigentlich die Steinkugeln mit Gesichtern verzieren sollte. Diese Idee schlug beim Sohn Eusebius ein; er hatte schon immer den Schalk im Nacken gehabt und pflegte einen entsprechenden Freundeskreis. «Dass du mir nicht solch dummes Zeug anstellst, man dürfte sich ja nirgends mehr zeigen», schalt die Mutter. Der siebzigjährige Vater schmunzelte verhalten und freute sich insgeheim. Wie hatte er doch erst kürzlich Mutter gefoppt, als sie krank darniederlag und dauernd seinen Frieden störte mit Zurufen wie: «Vergiss dann nicht, die Fenster in der Laube zu schliessen; hast du den Blumen Wasser gegeben? Den Stubenteppich sollte man auch wieder einmal staubsaugen!» Vater liess daraufhin täglich den Staubsauger einige Zeit dröhnen, stellte ihn in die Ecke und widmete sich weiterhin seinen Kreuzworträtseln, während Mutter zufrieden im hinteren Zimmer ihrer Genesung entgegendämmerte. Auf solche Ideen war Vater stolz. Eusebius schwärmte am Nachmittag durch die Stadt, sammelte seine Getreuen und gab die Losung aus: «Um dreiundzwanzig Uhr bei mir». Dem jüngsten übertrug er, garantiert wasserlösliche weisse Farbe zu kaufen.

Eusebius' Dachwohnung sah aus, wie man sich eine Junggesellenwohnung vorstellt: eine Mischung aus Büro, Werkstatt und Waschküche, ergänzt mit einem Bett und angefüllt mit ungeheuer vielen, interessanten Dingen: Bücher, Zeitungen, Zeitschriften, Spiele, Landkarten, mechanische, elektrische und elektronische Apparate sonder Zahl, Telephone, Weingläser und Schnapsflaschen, Schokolade, Kunstkalender, Pistolen und Gewehre, Leuchtraketen, politische Traktate, Schallplatten … und irgendwo dazwischen der friedliche, grosse, schwarze Kater Palino. Eusebius hatte eine Vorrichtung gebaut, die Palino täglich eine halbe Stunde lang automatisch unterhielt: den Katzomaten. Ein kompliziertes Gebilde von umlaufenden Schnüren, an die wiederum Schnüre geknüpft waren, welche papierene Mäuse verschieden schnell durch die Wohnung zogen. Wann immer der Motor aufsurrte, jagte Palino heran und mit tierischem Eifer den Mäusen nach. «Um den Triebstau abzubauen», begründete Eusebius die Erfindung. Ausserdem konnte Palino den Triebstau an den zahlreichen Gästen ausleben, die allabendlich die Wohnung bevölkerten – egal, ob der Hausherr anwesend war oder nicht; denn er lebte nach dem Prinzip der offenen Tür.

So fiel auch nicht weiter auf, als an besagtem Samstagabend ein Dutzend zumeist jüngerer Gestalten aufkreuzten. Unter ihnen fand sich der Lokalredaktor des Tageblattes mit dem Spitznamen Globus sowie ein Radiojournalist – beide häufige Gäste in der Dachwohnung. Eusebius, sonst eher von leichtfertig-grosszügigem Charakter, nahm die Fäden straff in die Hand und organisierte in Feldweibelart. Solche Unternehmungen mussten auf Anhieb gelingen, da erinnerte er sich gerne der Führungsgrundsätze aus der Unteroffiziersschule. Man begann mit der Einzelprüfung «Gesichter malen». Jeder erhielt Pinsel, Tusche, Packpapier und musste seine künstlerischen Fähigkeiten unter Beweis stellen. Die schlechtesten schieden aus, die besten wurden gefördert. Eusebius entschied: sieben Gesichter, davon vier mit Brille, entsprechend der Besetzung des Stadtrates. Denn, so folgerte er, ein Bezug zur Politik verleiht dem Unternehmen einen tieferen Sinn.
Um zwei Uhr früh lief die Aktion ab. Beidseits mit Funkposten abgeriegelt, malten ihrer sieben je ein Gesicht auf ausgewählte Steinkugeln vor dem Altersheim, in welchem die Pensionäre friedlich schliefen. Eusebius stand im Ledermantel strategisch richtig, bereit, das Losungswort «Florida» bei Gefahr auszugeben – jeder kannte Fluchtweg und Zielpunkt. Der Radiojournalist blitzte emsig, der Lokalredaktor machte Notizen. Nach einer Viertelstunde war der Spuk vorbei. Man fand zurück in die Wohnung und feierte noch in den Morgen hinein.
Am Sonntagabend packte Eusebius seine Militärsachen, am Montag rückte er in den Stab eines grossen Verbandes ein. Ein solcher Stab umfasst wichtige Persönlichkeiten: Spitzenvertreter aus Politik, Wirtschaft und Verwaltung, Spitzenärzte, Spitzenanwälte und Spitzenpfarrherren – kurz die Spitzen der Gesellschaft. Eusebius als jüngster Hauptmann zählte noch nicht dazu und sass deshalb ganz unten am Tisch. Er war verantwortlich für den richtigen Verteiler auf den Formularen. Diese Arbeit nahm ihn sofort voll in Anspruch und liess sein Zivilleben vergessen.

Als er am Dienstag die Lokalzeitung öffnete, traf ihn fast der Schlag: von einer Riesenphoto grinsten ihn die sieben Kugelköpfe an, umgeben von

einem Dutzend Leserbriefe. Nach dem ersten Schreck stellte er mit wachsender Freude fest, dass die meisten Beiträge überaus freundlich gesinnt waren. «Da hat ein Genie entdeckt, wozu die Kugeln gut sind», schrieb einer, «man sollte die Täter belohnen», eine andere. Eusebius' Laune schwappte über, er musste sich jemandem anvertrauen. «Das ist mein Werk», flüsterte er am Mittagstisch dem Kavalleriechef zu, dem beleibten, kleinen und gemütlichen Oberst Schwadroni. Dieser setzte die Brille auf, las die Zeitung umständlich und langsam, schaute zuerst ernst, dann verwundert: «wirklich?» Eusebius fasste kurz zusammen, der Oberst verstand, ein breites Grinsen legte sich auf seine Züge. Umständlich schälte er sich aus der engen Sitzbank und wackelte kurzbeinig, die wehende Zeitung wie ein Segel schwingend, zum Kommandanten. Eusebius wurde nervös. Der Kommandant, ein General, schätzte die Störung während des Essens nicht sonderlich, aber Schwadroni war ein alter Duzfreund von ihm. Er überflog den Inhalt: «Was soll das?» Schwadroni flüsterte etwas, zeigte auf Eusebius, der General folgte unlustig, und plötzlich begann er schallend zu lachen. Das Lachen steigerte sich immer mehr, es überschlug sich. Er schüttelte sich und rang nach Luft, der Saal war gefüllt von seiner hohen, schrillen Tenorstimme, es pfiff wie eine defekte Dampfpfeife, sehr unmilitärisch, ja beinahe unmännlich, zumindest peinlich. Längst hatte jedermann Messer und Gabel beiseitegelegt und schaute verwundert auf. Man gewahrte, dass Eusebius etwas damit zu tun hatte, denn der General zeigte wiederholt auf ihn, schwenkte die Zeitung und reichte sie schliesslich weiter. Allmählich pflanzte sich das Gelächter fort, die eine Tischseite hinunter, die andere hinauf. Die ganze Spitze der Gesellschaft krümmte sich vor Lachen. Eusebius, kurz zuvor noch am gesellschaftlichen Abgrund stehend, fand sich plötzlich in deren Mittelpunkt. Das tat wohl.
Er bemerkte allerdings, dass das Lachen nicht überall echt klang. Der AC-Offizier, Major Rüssel, verfolgte das ganze Treiben eher unwirsch, es passte nicht zu seiner Lebensauffassung, die ganz auf Ordnung und Pflichterfüllung baute. Nachdem aber selbst sein oberster Chef die Sache lustig fand, fand er sie auch. Er setzte ein verhaltenes, gesetztes und in sich geschlossenes Lachen auf und blickte schräg zu Eusebius. Dieser spürte instinktiv, dass er sich da einen neuen Feind zugelegt hatte.
Andere, die Eusebius bisher kaum beachtet hatten, erschienen nach dem Essen bei ihm. «Haben Sie das wirklich getan? Kommen Sie, ich lade Sie zum Kaffee ein!» Man beteuerte ihm, dass diese Steinkugeln wirklich grässlich seien, dass er, Hauptmann Nöll es diesem schwachen Stadtrat mit richtiger Münze heimgezahlt habe und fragte, was er als nächstes zu tun gedenke. Eusebius war plötzlich Experte in Kunst und politisch versiert. Er gewann dabei nicht nur eine Menge Duzfreunde, was sein

Sozialprestige merklich anhob, sondern einige echte Freunde dazu. Und er stellte fest, dass Humor eine wichtige menschliche Eigenschaft ist, dass es ganz verschiedene Spielarten davon gibt, dass Humor auch etwas mit Klugheit und Lebenserfahrung zu tun hat und ganz allgemein eine Rolle in der Beurteilung von Menschen spielt. Eusebius Nöll wurde eine Spur älter und reifer.

Das Tageblatt war die begehrteste Literatur der nächsten Tage. Man genoss schmunzelnd die Leserbriefe, die fast ausnahmslos den Nöll'schen Standpunkt einnahmen. Am Mittwoch erschien eine erste offiziöse Stellungnahme des zuständigen Kultur-Stadtrates Beuss. Er verurteilte in scharfen Worten die Tat, sprach von Kulturschändung, Verschandelung, Schmierfinken und drohte mit Sanktionen. Der Artikel erzeugte neue Lachsalven im Stab. Tags darauf liess der Stadtrat verlauten, dass er Strafklage gegen Unbekannt erhoben habe. Die Schadensumme betrage mehrere tausend Franken, man müsse die unlösliche Farbe vom Künstler entfernen lassen. Ein junger Mittäter aus Nölls Truppe kriegte es daraufhin mit der Angst zu tun und flüchtete an den nahen See, wo er sich im Schilf verbarg. Nach durchfrorener Nacht kehrte er wieder zurück. Der Lokalberichterstatter Globus, mit von der Partie und heilfroh über die anhaltende Zufuhr an Gratiszeilen, erkundigte sich täglich bei der Stadtpolizei nach dem Stand der Ermittlungen in Sachen Kugelköpfe. Er liess in der Zeitung deutlich durchblicken, dass die Polizei Mühe bekunde. All dies erfuhr Eusebius in Echtzeit dank seiner engen Kontakte zu Vertrauten; er rapportierte täglich vor dem Gesamtstab, was immer neue Heiterkeitsausbrüche auslöste.

Während des Sonntagsurlaubs gab jeder Stabsangehörige diese Informationen streng vertraulich seinem Familienkreise weiter, und am Montag der zweiten Woche wusste ganz Kleinhausen um die Urheberschaft – mit Ausnahme von Polizei und Stadtrat. Dieser jedoch liess auf Drängen des Lokalberichterstatters nochmals abklären, ob die Farbe wirklich wasserunlöslich sei. Sie war es nicht, der finanzielle Schaden verflüchtigte sich und der Stadtrat musste eine blamable Gegendarstellung erscheinen lassen. Endlich, zehn Tage nach der Untat, erfuhr die Behörde vom Namen Nöll und war zutiefst erschüttert. Nöll, obzwar nicht dem lokalen Establishment zugehörig, zählte doch zur kommenden Führungsgeneration, er war Offizier, Akademiker und erst noch Ortsbürger von Kleinhausen. Da hiess es vorsichtig sein. Der Stadtrat lud sofort zu einer Sondersitzung in Sachen Kugelköpfe.

Gleich zu Beginn stellte die Sekretärin des Stadtoberhauptes Dr. Spitze eine Schachtel des Ersten Confiseurs auf den Sitzungstisch. Spitze, unwillig über diese Störung, hob den Deckel, und männiglich erblickte eine feine Torte, auf der sieben kleine Schoggikugeln aufgestellt waren, jede versehen mit einem Gesicht aus Zuckerguss, vier davon mit Brille. Dazu in Marzipan der nette Hinweis «Freundliche Grüsse». Das Stadtoberhaupt erbleichte, der Kulturverantwortliche Beuss bekam einen eiförmigen Kopf und schnarrte: «Davon ess ich kein Stück». Die andern jedoch, welche das Ganze längst durchschauten, meinten: «umsobesser, dann kriegen wir mehr davon». Eusebius, der zum Vorzimmer Dr. Spitze gute Beziehungen pflegte, hatte sich das alles fein ausgedacht. Als während der Sitzung von der Polizei die Meldung eintraf, die Gesichter auf den Kugeln seien verschwunden, aus und weg, es lasse sich mit bestem Willen nichts mehr erkennen – ja, da verblieb eigentlich nicht mehr viel zu beraten. Man einigte sich auf einen Vergleich, wonach Nöll sich beim Stadtoberhaupt persönlich zu entschuldigen habe, damit die Strafklage zurückgezogen werde.

Dr. Spitze zeigte sich anfänglich beleidigt und zugeknöpft. «Wir sind immer die Dummen, die ganze Stadt lacht uns aus». Eusebius konnte dem nicht widersprechen. Im Verlaufe des langen Gesprächs fanden sie jedoch zueinander, entdeckten manch Gemeinsames und schieden als Freunde. Trotzdem konnte es Eusebius nicht unterdrücken, der Stadt hundert Franken zur künstlerischen Verschönerung des Altersheimes zu überweisen; nicht aus Schuldgefühl, wie Beuss hoffte, sondern weil der Stadtrat reglementsgemäss Spenden ab hundert Franken schriftlich verdanken muss.

Damit hatte die Geschichte vorerst ein Ende, aber nach drei Monaten fand ein Nachspiel statt. Die Wahlen ins kantonale Parlament waren fällig, und Eusebius Nöll, der nie nein sagen kann, erschien auf der Liste einer kleineren Partei. An der parteiinternen Versammlung, welche die Liste zu genehmigen hatte, meldete sich der Spitzenkandidat, Konrad Klaus, eine stadtbekannte Persönlichkeit, ein bisheriger Kantonsrat, ehemaliger Stadtrat und gefürchteter Volkstribun. Er stand auf und erklärte langfädig und laut, dass er nicht gedenke, zusammen mit jenem Lausbub und Schmierfink auf der gleichen Liste zu kandidieren. Entweder er oder ich, so lautete sein Ultimatum. Die Parteileitung war vorerst ratlos und vertagte den Entscheid. Insgeheim aber eröffnete sich eine elegante Möglichkeit, den immer lästiger werdenden Klaus loszuwerden, der sich über Parteibeschlüsse hinwegsetzte und laufend eigene Leute verunglimpfte. Also liess sie sich nicht erpressen und gab bekannt, sie werde Nölls Kandidatur aufrechterhalten. Bereits zwei Tage später konnte der oppositionellen Arbeiterzeitung grossaufgemacht entnommen werden, dass Klaus seinen Austritt aus der Partei gebe, weil dort ein Lausbub das Sagen habe, der die Kunst schände und öffentliche Denkmäler verschmiere. Eusebius Nöll wurde namentlich genannt und mit allen zivilen und militärischen Attributen vorgestellt. Weil der Artikel auf irgendwelchen Wegen in die Depeschenagentur geriet, erschien er in zahlreichen Zeitungen im ganzen Lande, was ihm tagelang Fanpost einbrachte. Der dadurch erreichte Bekanntheitsgrad bescherte ihm, dem Neuling, ein Glanzresultat: er wurde auf Anhieb erster Ersatz und konnte einige Jahre später in den Rat nachrutschen. Zwei Regierungsräte bedankten sich bei ihm heimlich dafür, dass er sie vom ewigen Langredner Klaus befreit habe. Eusebius aber wusste besser als alle andern um die Hintergründe. Es war nicht Klaus' scheinheilig vorgetragene Empörung über die Kugelkopffaktion. Er, Eusebius, hatte es vor einiger Zeit gewagt, den grossen Klaus vor offener Versammlung wegen seiner endlos langweiligen Tiraden blosszustellen. Niemand ging darauf ein, er erntete eisiges Schweigen. Heimlich kamen später einige Parteigänger angeschlichen und zollten ihm Anerkennung. Der Stachel aber sass tief in Klaus, und er konnte nicht vergessen.

So nahm Eusebius Nöll seinen Einstieg in die Politik.

Noch viel später geriet Eusebius zufällig eine Monatsschrift der Gesellschaft Schweizer Künstler (GSK) in die Hände. Er blätterte lustlos, und plötzlich weiteten sich seine Augen, als er das Bild mit den bemalten Steinkugeln erblickte. Der Text erzählte von der sich verhärtenden Front gegenüber den Künsten, von eisigen Winden, welche Kunstschaffenden ins Gesicht bliesen, von Repressionen und wachsender Intoleranz, getragen von Unverständnis gegenüber zeitgenössischer Kunst. Als Kronbeispiel wurde die Nöll'sche Untat aufgeführt.

Obgleich Eusebius wirklich besser wusste um die zugrundeliegenden Motive als der Schreiberling des Artikel, fernab in der Grossstadt, fühlte er eine leichte Betroffenheit.

Der alternde Ingeniör und die moderne Technik

Heute putzte ich die vollautomatische Superkaffeemaschine. Nachher ging sie nicht mehr. Es kamen jeweils nur etwa 3 Tropfen schwarze Brühe aus dem Loch. Dann nahm ich sie auseinander und putzte sie nochmals. Dann ging sie wieder.
Dann ging das Telephon nicht mehr. Einfach nicht. Das heisst, schlimmer: es ging noch halb, nur intern, aber nicht extern. Und ich prüfte alle Telephone, ob eines nicht aufgelegt sei. Das ist in meinem Haus mühsam. Alle Telephone waren aufgelegt. Dann wollte ich einen Kaffee machen (siehe oben). Dann hatte ich eine Erleuchtung, ging in den Keller und ersetzte die Sicherung, an welcher der Telephonautomat angeschlossen ist.
Dann stellte ich fest, dass mein Fax immer klingelt, wenn er faxen sollte. Ich sagte ihm, er soll keine Faxen machen, aber er klingelte solange weiter, bis ich auf einen Knopf drückte. Ich folgerte haarscharf, dass das am Stecker liegen müsse, den ich gestern ausgewechselt habe, damit ich gleichzeitig Fax und Modem betreiben kann. Es lag nicht am Stecker. Dann nahm ich die Gebrauchsanweisung im Umfang von 178 Seiten und begann zu lesen: «Lieber Kunde, wir beglückwünschen Sie zum Entscheid, ein Canon Faxgerät gekauft zu haben!» Auf Seite 68 fand ich das Passende: «Empfang über eine fest zugeordnete Faxleitung (Automatischer Empfang)». Und ich machte alles, wie es dort stand, menugesteuert. Dann probierte ich wieder von einem zweiten Fax aus: es klingelte immer noch. Dann sah ich auf der Frontplatte ein Lichtlein, das früher immer geleuchtet hatte. Ich drückte den darunterliegenden Knopf, das Lichtlein leuchtete wieder und der Fax funktionierte.
Dann staubsaugte ich den Keller. Der Staubsauger ist alt und macht einen ungeheuren Lärm. Das beruhigt, weil es beweist, dass etwas geschieht. Nach einer Weile hatte ich das Gefühl, dass nichts geschehe. Ich hielt die Hand ans Rohr: überhaupt kein Gesäuge. Ein brennendes Streichholz brannte daneben ruhig weiter, ohne sich um den Lärm des saugenden Staubsaugers zu kümmern. Aha, der Sack ist voll. Ich leerte den Sack, ein Teil vom Dreck fiel auf den Teppich. Mit dem neuen Sack kann ich das ja aufnehmen, dachte ich. Dachte ... Der Sauger, der keiner ist, saugte auch weiterhin nicht. Früher konnte man jeweils die Kollektorbürsten am Elektromotor ersetzen, aber das war noch in den Fünfzigerjahren. Ich entsorgte den Staubsauger im Schopf, neben der Handbohrmaschine, welche kürzlich seltsam roch, rauchte und stillstand.
Dann nahm ich die Taschenlampe und wollte die Steckdose des Fax, die ich abgeschraubt hatte, hinter dem Pult, das im Dunkeln liegt, wieder anschrauben. Aber die Taschenlampe brannte nicht. Sie hatte einen

Wackel. Wenn man sie in einem Winkel von 60° schräg nach unten hielt, brannte sie. Also nahm ich sie auseinander und bemerkte eine Feder ganz hinten, welche die Batterien gegen das Birnlein drücken sollte und lahm war. Ich versuchte, die Feder mit dem Brieföffner zu strecken. Dann machte es ping und alles flog auseinander, in alle Himmelsrichtungen. Dann machte ich wieder einen Kaffee. Er tat wohl. Und dann schrieb ich alles auf, als Einleitung zu einem neuen Buch.

Der alternde Ingeniör macht sich Gedanken …

… zum Thema Bedienungsfreundlichkeit und Ergonomie. Man könnte dafür auch Kundenfreundlichkeit sagen, oder generell Menschenfreundlichkeit. Obwohl jedes gute Aus-, Fort- und Weiterbildungsseminar (in Interlaken, am Ägerisee oder auf Rigi Kaltbad) diese Begriffe im Vokabular führt, vergessen die Absolventen sofort nach Verlassen des Seminars (in Interlaken, am Ägerisee oder auf Rigi Kaltbad) das Gelernte und widmen sich, vor dem Bildschirm angelangt, wieder ausschliesslich der Pflege des Trenddesigns.
Trenddesign wird verordnet. Er entsteht irgendwo in einer überkritischen Lösung aus Coolness, Lässigkeit, Oberflächlichkeit und egozentrischer Äusserlichkeit, meist an einer Bar, wird sofort von lüsternen Medienfachleuten aufgesogen, in eine unverständliche Sprache umgesetzt und über tausendundeinen Informationskanal farbig verbreitet. Der nächste Tag schon wird dominiert vom aktuellen Trenddesign. Wer sich dagegen auflehnt, ist nicht teamfähig, wer mitmacht, häufig dumm.
Die Halbwertszeit der einzelnen Trenddesign-Entities sinkt langsam und stetig. Das ist gut, weil so wieder Raum für Neues entsteht. Die Heckspoiler konnten sich Jahre halten, bis ein neuer Trenddesign nach niedrigen Luftwiderstandbeiwerten verlangte, sämtliche Autos einheitlich tropfenförmig designte und den Spoiler verdrängte. Bei der Mode, dem Hausmarkt für Trenddesign, sind die Lebenszyklen durch die saisonalen Schwankungen gegeben. Hier fehlt dem Trenddesign manchmal der innovative Spielraum; Jeans (früher: Hosen) pendeln zwischen hauteng und schlottrig-weit, Rocksäume wandern einfach auf und ab.
Ein neues und vielversprechendes Feld hat sich im Bereich der Kommunikation dem Trenddesign geöffnet. Das beginnt bei der Sprache, die via Englisch neue Begriffsverbindungen schöpft. Der schnellste Einstieg gelingt beim Surfen auf der Internet-Wave. Wer damit nicht zurechtkommt, kann sich beim abendlichen Longdrink immer noch mit seinem Sohn brüsten, der das alles beherrsche und in seinem Zimmer die ganze Welt zu Gast habe. Das Natel-C mutiert langsam und sicher vom

Trenddesign zum nützlichen Lebensbegleiter; es dürfte die wertfreie Akzeptanz mit dem Natel-D erreicht haben, so, wie es vor Jahren der PC schon geschafft hat. Hier besetzte der Trenddesign jedoch neue Nischen. Wer beim Aufstarten nicht die Microsoft-Fahne vor blauem Himmel vorweisen kann, begleitet von immergleichen, doofen Sprüchen wie «Willkommen im Compuserve» oder «Sie verlassen den Winzling» (oder ähnlich), ist out. Dabei stelle ich bisweilen eine Verschlechterung der Ergonomie fest. So erscheint neustens nicht mehr ein Briefkouvert rechts oben, wenn eine Mail darauf wartet, gelesen zu werden; das Kouvert erscheint immer und sagt damit nichts mehr aus. Die wagnerianische Geräuschkulisse während des Aufstartens würde besser ersetzt durch ein einziges «Ping» am Schluss, wenn wirklich der ganze Salat zum essen bereit steht; das würde erlauben, in der Wartezeit stressfrei den Kaffee zuzubereiten. Ein überaus langzähes Leben feiern in den Netzwerken noch immer die mitgelieferten Graphiken, deren einziger Zweck im Verstopfen der Leitungen besteht. In der Steinzeit des Videotex konnte minutenlang der Aufbau eines hellblauen Jugendstil-Geschnörkels mitverfolgt werden, um dann die erstaunliche Message «Willkommen beim Bankverein» zu erhalten. Heute ist es immer noch gleich, nur mit 19200 Bit/sec statt mit 1200, und morgen wird es unter ISDN mit 64000 immer noch so sein. Trenddesign hat hier Massstäbe gesetzt, Anstandsregeln der elektronischen Kommunikation. Beim Telephon ist es ja auch so. Man ruft nicht einfach an und sagt etwa: «hier Hugentobler, Termin heute abgesagt, fertig», sondern man beginnt beim Wetter, bei der Gesundheit und wie geht es der Frau, um dann, nach Übergabe der Kernaussage, verzweifelt nach dem Abgang zu suchen. Deshalb bevorzuge ich den Fax, ohne Deckblatt. Nicht alle schätzen das.

«Best aus einem alten Nest»

*Drei Sagen und Spukgeschichten aus Lenzburg
von Nold Halder mit schaurigen Helgen*

Der Deutschlehrer Arthur Frey am Lehrerseminar Wettingen forderte seine Schüler auf, in der Umgebung ihrer Wohnorte lokale Sagen und Legenden zu sammeln und aufzuschreiben. Sie sollten systematisch alten Leuten, die sie kannten, auf die Bude steigen und bitten, ihnen solche Geschichten zu erzählen.

Mein Vater, Nold Halder, war dabei besonders fleissig und erfolgreich und es gelang ihm, ein paar Jahre später (1923) einen Verleger zu finden – Sauerländer in Aarau. Er konnte ferner den Illustrator Hans Eggimann engagieren, der in Bern bereits ein Sagenbuch mit schaurigen Helgen illustriert hatte. Das Buch meines Vaters «Aus einem alten Nest» fand grossen Anklang, nicht zuletzt, weil er die Geschichten herrlich volkstümlich formuliert hatte. Das Buch war bald vergriffen. Erst 1977 entschlossen sich die Lenzburger Ortsbürger eine Neuauflage zu sponsern.

Hier sind nun meine drei Lieblingsgeschichten mit den dazugehörigen Bildern abgedruckt.

Die Uhr im Schloßhof und das Totenbeinchen

Wenn man das untere Schloßtor durchschritten und den Zwinger durchmessen hat, gelangt man in einen geräumigen Vorhof, aus welchem eine Treppe zur eigentlichen Burg hinaufführt. In diesem Hofe steht zur rechten Hand eine uralte Standuhr. Ein wurmstichiges Holzgehäuse umschließt das buntbemalte Ziffernblatt und das längst ausgelaufene Räderwerk. Der Uhr aber ist ein mahnender Spruch ins Holz gebrannt, der lautet:

>   Gewiß ist der Tod, aber ungewiß die Stund.

Das hat auch einmal ein Mann aus dem Glockenmund dieser Uhr selber erfahren müssen. Einst wurde nämlich zwischen den Dörfern Gontenschwil und Zetzwil ein Mann auf der Straße gefunden, der alle Spuren eines gewaltsam erlittenen Todes an sich trug. Vergebens hatte man nach dem Mörder geforscht, da kam der Landvogt von Lenzburg auf den Einfall, der Leiche ein Beinchen auszubrechen und dieses an den Zug der Schloßglocke zu hängen; ein Gottesgericht sollte fürder den Mörder bezeichnen. Jeder, der beim Landvogt Recht oder Almosen suchte, mußte diese Glocke läuten – aber lange Jahre ist das Totenbeinchen zwecklos angebunden gewesen.

Einmal nun kam ein Bettelgreis aufs Schloß und wollte um einen Batzen bitten. Er langte nach dem Glockenzug, um zu schellen, da schlug im Augenblick die Uhr im Vorhofe an – so scharf und hell, daß der Greis sich erschrocken umwandte – da sah er den Spruch schwarz aus dem braunen Gehäuse mahnen:

        Gewiß ist der Tod, aber ungewiß die Stund.

Der Mann zuckte zusammen, als hätte ihn das böse Gewissen gestochen, und er schüttelte sich, als wenn er einen häßlichen Gedanken loswerden wollte.
«Hm», sagte er, dann zog er die Glocke, woran das Beinchen hing: da wurde er auf einmal über und über mit Blut bespritzt, und als der Pförtner aufschloß, und das tropfende Beinchen sah und den rotgesprenkelten Bettelgreis, da machte er Lärm, daß die Büttel zusammenliefen und den Mann ergriffen. Und er gestand augenblicks vor dem Landvogt, in jungen Jahren jenen Mann angefallen und erschlagen zu haben. Also wurde der verratene Mörder gerichtet und in selber Stunde noch gehangen.

Das Totenbeinchen ist in der Stadtkirche unterm Altar vergraben, die Glocke hat längst einer andern Platz gemacht, aber die Standuhr steht heute noch an selber Stelle im Schloßhof, und noch mahnt warnend ihr Spruch:

Gewiß ist der Tod, aber ungewiß die Stund.

Laßt die Toten ruhen

Es waren einst drei Bursche von Seengen, deren ihre Liebsten im Städtchen als Mägde dienten. Jeden Sonntag gingen die Bursche zu ihren Schätzen z'Chilt und kehrten erst wieder nachts in später Stunde nach Seengen zurück. Sie wählten jeweils den kürzesten Weg, der durchs «Wil» dem Aabach entlang führt. Der Weg aber geht am Rosengarten vorbei, der still und friedlich vor dem Städtchen liegt. Einmal kehrten die Bursche von ihrem Chiltgang heim und waren Übermuts voll. Wie sie den Rosengarten vor sich hatten, so schien der Mond bleich und geisterhaft über die einsamen Gräber, und die Kreuze leuchteten sonderbar unterm triefenden Silberlicht. Da vermaß sich ein Bursch,

die Toten anzurufen. Die zwei andern wollten ihm's verwehren, aber er wand sich los, trat in den Rosengarten ein und sprach über dem nächsten Grab dreimal laut und deutlich:
«Stehe auf und wandle!»
«Stehe auf und wandle!»
«Stehe auf und wandle!»
Da öffnete sich plötzlich das Grab, eine knöcherne Hand schob sich herfür, eine weiße Gestalt hob sich langsam heraus, schlug die schweren Lider auf und sprach, und die Stimme klang dumpf und hohl:
«Oh, Mensch, laß du die Toten ruhen.»
Und das weiße Gewand wehte im kühlen Nachtwinde. Dann sank die Gestalt wieder ins Grab zurück, das sich hernach heimlich und geräuschlos schloß.
Der Bursch aber tat einen Schrei, stürzte zur Erde und stand nimmer auf. Die zwei andern jedoch flohen entsetzt ihrem Dorfe zu, und sie mußten mehrere Wochen mit hohen Fiebern das Bette hüten.

Das Pestmännchen im Rathausgäßchen

Hinterm Rathaus vorbei, gleichlaufend mit der Rathausgasse, geht ein schmales, finsteres Gäßchen, mit alten, schiefen Tätschhäuschen. In diesem Gäßchen zeigt sich ab und zu ein sonderbares Gespenst, und alte Leute sagen, wenn es auftrete, so käme eine Pestilenz über die Stadt. Dies Gespenst ist ein seltsam verkrüppeltes Männchen. Seine Haut ist vertrocknet und gelb wie Pergament, und wirres Silberhaar strähnt ihm vom verdrückten Schädel. Dies Männchen ritzt mit einem Krumm-Messer Kreuze in die Türen der Häuser, über die es Krankheit und Tod herabwünscht. Hinterher aber stinkt es wie Eiter und Aussatz.
Einst, es war vor mehr denn dreihundert Jahren, sah ein Mädchen, das sich irgendwo verspätet hatte, wie das Pestmännchen aus dem Rathausgäßchen in die Kirchgasse trat. Es versperrte dem Gespenst den Weg und bat dieses unter Tränen, abzulassen von der Stadt und sie vor Unglück zu bewahren.
«Um einen Kuß», grinste das Männchen.
Das Mädchen war bereit, um diesen Preis die Stadt zu retten, aber wie es den stinkenden, fieberheißen Atem des Männchens verspürte, da wandte es sich grausend ab. Das Gespenst aber lachte gell auf, ging an dem Kinde vorüber und ritzte Tür um Tür.
Wirklich – in selbiger Nacht noch brach die Pest aus, und das Mädchen war die erste Leiche, die man in die Kalkgrube schaffte. Dann hatte sich

die Pest von der Kirchgasse aus übers ganze Städtchen verbreitet und gar viel Jammer und Unheil angestiftet.

Einige Leute wollen das Pestmännchen auch in der Grippezeit des Weltkrieges gesehen haben. Es hätte aber keine Kreuze geritzt, sondern einfache Kerbe, darum der spanische Tod auch harmloser verlaufen sei.

Frau Hilde

Wenn der Mond bleich und groß hinterm Lütisbuchwald aufgeht, so erscheint beim Schlößchen auf der Höhe des Goffersberges ein weißgewandet Weib. Es schreitet leise vom Schlößchen her zur Halde, setzt sich auf eine Bank und lugt über das stille, versilberte Land.

Das ist Frau Hilde, die war eine nahe Verwandte eines gewissen Landvogts auf der Lenzburg. Im Leben ist sie ein stolzes, übermütiges Weib gewesen. Sie hatte sich das Gofischlößchen erbauen lassen, weil der Goffersberg um ein halbes Klafter den Schloßhügel von Lenzburg überragt: somit bewohnte sie die höchstgelegene Burg in zehn Meilen

Runde. Da saß sie nun tagtäglich an der Halde und schaute hin übers Land, wo die vielen Burgen lagen: die Lenzburg, die Brunegg, die Wildegg, der Wildenstein, der Besserstein, der Biberstein und die Habsburg. Fernerhin die Schlösser Schenkenberg, Kastelen, Lostorf und Rore und endlich weit im Seetal die mächtige Wasserveste von Hallwil. Und mancher edle Junker, der in diesen Burgen ein- und ausgesprengt, war unterm Gofischlößchen vorbeigeritten und hatte um die Minne der Frau Hilde geworben. Aber diese hatte jedweden ausgeschlagen, denn keiner schien ihrer Liebe würdig und ihrer Hoffart vornehm genug. Doch die Jahre gingen ins Land, die Hilde ward älter, und ihre Blüte schwand. Da blieben auch die Junker mählich aus, und es geschah, daß das Schloßfräulein sein Leben vereinsamen sah. Da packte sie der Kummer, und er fraß an ihr, daß sie ganz mager wurde und spitz mit den Jahren – kein Roßknecht hätte sie mehr freien mögen. Und über eine kleine Weile ver starb Frau Hilde an der Gelbsucht.

Manche Burg ist seither zerfallen, und die Junker sind längst schon zu Grabe gestiegen, aber heute noch erscheint Frau Hilde an der Halde vor ihrem Schlößchen in ihrem alten Stolz und ihrer Jugendfülle. Und sie schaut übers Land hin wie einst und harrt der Minne und wartet … und wartet.

Im Gofischlössli wohnt seit vielen Jahren die Scherenschnitt-Künstlerin Edith Wiedemeier mit ihrer Mutter und einem Hund. Jede Ähnlichkeit von Edith mit der legendären Frau Hilde in Gestalt und Wesensart wäre rein zufällig.
Übrigens: Die beiden Scherenschnitte «Lehrerin Veronika» und «Familie RAPSAK unterwegs» entstanden im Gofischlössli.

Lehrerin Veronika

Familie RAPSAK unterwegs

Absurde Gedichte und Texte aus den Zwanzigerjahren

Vor ein paar Jahren schenkte mir mein Onkel Etra das Buch «Dunkel wars der Mond schien helle», das 1942 bei Heimeran erschienen war.
Es enthält eine Fülle lustiger und absurder Gedichte und Texte. Es ist ein Jammer, dass dieses Büchlein auch kaum mehr in Bibliotheken greifbar ist. Umso schöner, dass ich hier einige Rosinen daraus kredenzen kann.

Das Äusserste

Wie Ihnen vielleicht bekannt sein dürfte, gibt es im Hottentottenlande das «Känguruh» oder die «Beutelratte». Besagte Beutelratte pflegt man in Gattern, genannt Kotter, aufzubewahren, welche mit Lattengitter- und Wetterschutzvorrichtungen versehen sind. Man nennt sie infolgedessen Lattengitterwetterkotter und die Beutelratten, die man darin aufbewahrt, die Lattengitterwetterkotterbeutelratten. Nun lebte im Hottentottenlande eine Hottentottenmutter, welche zwei Kinder hatte, die stotterten und an Trottolosis litten; man nannte sie infolgedessen die Hottentottenstottertrottelmutter. Auf besagte Hottentottenstottertrottelmutter wurde ein Attentat verübt, und man nannte den Attentäter den Hottentottenstottertrottelmutterattentäter. Besagter Hottentottenstottertrottelmutterattentäter wurde jedoch gefangen genommen und in ein Lattengitterwetterkotter gesperrt, in dem sich eine Lattengitterwetterkotterbeutelratte befand. Nach einiger Zeit kniff diese Lattengitterwetterkotterbeutelratte aus, und wiederum nach einiger Zeit meldete sich auf dem Bürgermeisteramte ein Mann und sagte: «Herr Bürgermeister, ich habe die Beutelratte gefangen.» «Ja, welche Beutelratte haben Sie denn gefangen?» »Herr Bürgermeister, ich habe die Beutelratte gefangen, die in dem Lattengitterwetterkotter sass, in dem der Hottentottenstottertrottelmutterattentäter gefangen war.» «Ach so», sagte der Bürgermeister, «da haben Sie also die Hottentottenstottertrottelmutterattentäterlattengitterwetterkotterbeutelratte gefangen. Nun, dann nehmen Sie hier die Hottentottenstottertrottelmutterattentäterlattengitterwetterkotterbeutelrattenfangprämie in Empfang und gehen Sie befriedigt nach Hause.»

Sommermädchenküssetauschelächelbeichte

An der Murmelrieselplauderplätscherquelle
Saß ich sehnsuchtstränentröpfeltrauerbang:
Trat herzu ein Augenblinzeljunggeselle
In verweg'nem Hüfteschwingeschlendergang,
Zog mit Schäkerehrfurchtsbittegrussverbeugung
Seinen Federbaumelriesenkrämpenhut –
Gleich verspürt' ich Liebeszauberkeimeneigung,
War ihm zitterjubelschauderherzensgut!

Nahm er Platz mit Spitzbubglücketückekichern,
Schlang um mich den Eisenklammermuskelarm:
Vor dem Griff, dem grausegruselsiegesichern,
Wurde mir so zappelseligsiedewarm!
Und er rief: «Mein Zuckerschnuckelputzelkindchen,
Welch ein Schmiegeschwatzeschwelgehochgenuß!»
Gab mir auf mein Schmachteschmollerosenmündchen
Einen Schnurrbartstachelkitzelkosekuß.

Da durchfuhr mich Wonneloderflackerfeuer –
Ach, das war so überwinderwundervoll . . .
Küßt' ich selbst das Stachelkitzelungeheuer,
Sommersonnenrauschverwirrungsrasetoll!
Schilt nicht, Hüstelkeifewackeltrampeltante,
Wenn dein Nichtchen jetzt nicht knickeknirschekniet,
Denn der Plauderplätscherquellenunbekannte
Küßte wirklich wetterbombenexquisit! !

Eskimojade

Es lebt' in dulci jubilo
In Grönland einst ein Eskimo.
Der liebt voll Liebeslust und Leid
Die allerschönte Eskimaid,
Und nennt im Garten sie und Haus
Bald Eskimiez, bald Eskimaus.
Im wunderschönen Eskimai,
Spazieren gingen froh die Zwei
Geschminkt die Wangen purpurrot,
Wie's mit sich bringt die Eskimod',
Und setzten sich ganz sorgenlos
Ins wunderweiche Eskimoos.
Still funkelte am Horizont
Der silberklare Eskimond.
Da schlich herbei aus dichtem Rohr,
Othello, Grönlands Eskimohr.
In schwarzer Hand hielt fest den Dolch
Der eifersücht'ge Eskimolch
Und stach zwei- dreimal zu voll Wut
In frevelhaftem Eskimut.
Vom Dolch getroffen alle beid' –
Sank Eskimo und Eskimaid.
Da rannt' im Sprunge des Galopps
Herbei der treue Eskimops
Und biß mit seinen Zähnen stark
Den Mörder bis ins Eskimark,
Der bald, zerfleischt vom treuen Hund,
Für immer schloß den Eskimund. –
So ward – das ist der Schlußakkord,
Gerächt der blut'ge Eskimord!
Und schaurig klingt vom Norden her
Noch heut'gen Tags die Eskimär.

Thema mit Variationen

Thema
Wenn der Mops mit der Wurst über'n Spucknapf springt
Und der Storch in der Luft den Frosch verschlingt.

Erste Variation
Wenn der Storch mit dem Mops über'n Spucknapf springt
Und der Frosch in der Luft die Wurst verschlingt.

Zweite Variation
Wenn der Mops mit dem Frosch über'n Spucknapf springt
Und der Storch in der Luft die Wurst verschlingt.

Dritte Variation
Wenn der Frosch in der Luft über'n Spucknapf springt
Und der Storch mit dem Mops die Wurst verschlingt.

Vierte Variation
Wenn der Mops mit dem Spucknapf über'n Storch wegspringt
Und die Wurst in der Luft den Frosch verschlingt.

Fünfte Variation
Wenn der Frosch mit der Wurst über'n Spucknapf springt
Und der Storch in der Luft den Mops verschlingt.

Sechste Variation
Wenn die Luft mit dem Stroch über'n Spucknapf springt
Und der Frosch mit der Wurst den Mops verschlingt.

Siebente Variation
Wenn die Wurst mit dem Frosch über'n Spucknapf springt
Und der Mops in der Luft den Storch verschlingt.

Achte Variation
Wenn der Storch sich selbst in der Luft verschlingt
Und der Frosch mit dem Spucknapf über'n Mops wegspringt.

Neunte Variation
Wenn der Mops in der Luft den Spucknapf schlingt
Und der Storch mit der Wurst über'n Frosch wegspringt.

Zehnte Variation
Wenn der Storch über'n Mops und die Wurst wegspringt
Und der Frosch im Spucknapf die Luft verschlingt.

Elfte Variation
Wenn der Frosch mit dem Mops in der Luft wegspringt
Und der Storch den Spucknapf mit der Wurst verschlingt.

Zwölfte Variation
Wenn der Spucknapf mit der Wurst über'n Frosch wegspringt
Und der Storch in dem Mops die Luft verschlingt.

Dreizehnte Variation
Wenn der Frosch in der Luft den Storch verschlingt
Und die Wurst über'n Spucknapf und den Mops wegspringt.

Thema
Wenn der Mops mit der Wurst über'n Spucknapf springt
Und der Storch in der Luft den Frosch verschlingt.

«Weib und Kind»

Auszug aus den Memoiren von RAPSAK

In meinen Memoiren wird der Text «Weib und Kind» immer wieder als besonders bemerkenswert gelobt.
  Sintemalen nicht alle geneigten Leser dieses Buches meine Memoiren kennen, sei besagter Text hier nochmals wiedergegeben.

Weib und Kind

Ich war nie ein Frauenheld und verehrte die Girls, die mir gefielen, nur von weitem - platonisch.
  Verliebt habe ich mich zum ersten Mal im Kindergarten in die muntere, dralle Blondine Theresli Lüscher. Aber der Hans-Albertli Tschopp machte mir Konkurrenz und behauptet heute, dass er und nicht der Rapsäkli von ihr erhört worden sei.
  Dann «heiratete» ich zum ersten Mal bereits als Zweitklässler das herzige Lisebethli Kim in unserem Garten. Aber diese Verbindung war nicht von Dauer. In der BEZ erhielt ich Blumen nach dem Kadettenausmarsch völlig überraschend von einem Mädchen, dem ich nie nachgelaufen wäre – ich schob sie nach Hause. wie es sich gehört – und dabei blieb es.
  Auch später in den langen Jahren als Lehrer, Student und Berufsberater interessierten sich verschiedentlich meine Sekretärinnen oder Kolleginnen für mich, aber ich blieb pickelhart und diejenigen, die mir gefielen, waren entweder bereits liiert oder gar schon verheiratet. Es wäre mir nie eingefallen, mich in eine Ehe oder feste Beziehung einzumischen, denn ich war fest überzeugt, dass mir das richtige Baby eines schönen Tages über den Weg laufen würde. Und siehe da – es geschah.
  Ich war bei meinem Pfadifreund Schlamp eingeladen, der in Rüti bei Lyssach ein Bauernhausstöckli gemietet hatte. Unter den Gästen waren auch zwei muntere Dinger aus Aarau, die ich von weitem kannte. Ich fuhr sie post festum zurück nach Aarau, und es begab sich, dass sich die beiden Freundinnen bald darauf auf grosse Reise machten. So erhielt ich einige Wochen später eine Postkarte aus den USA, geschrieben mit einer faszinierenden Handschrift (vital, eigenwillig und intelligent). Sofort war mein Interesse geweckt. Ich kannte vorher einige liebe, sanfte Wesen – nichts für mich – denn das Weib meiner Träume musste Sprutz haben und Widerstand leisten können und wollen, sowie selbständig und unabhängig sein. Da war nun eine söttige: Veronika. Bald einmal traf ich sie in einem Laden, wo sie einen Diaprojektor für die Schule kaufte. Ich konnte sie dabei beraten. Bei der Gelegenheit konnte ich sie gleich für ein Konzert in den Saalbau einladen, wo gerade die Schwarzen Bluessänger Sonny Terry (blind) und

Brownie McGee (lahm) gastierten. Ich stellte erfreut fest, dass dem Baby neben mir die Musik gefiel und auch nichts dagegen hatte, dass ich ihr schüchtern ihr bluttes Knie streichelte (jawoll - solche pikanten Details sind in meinem phänomenalen, eidetischen Gedächtnis gespeichert und sind es wohl wert, in den Memoiren verewigt zu werden).

So entwickelte sich allmählich eine tiefe Freundschaft – ich lernte ihre Mutter und Geschwister näher kennen und alle gefielen mir – wichtig für eine allfällige feste Verbindung. Doch daran dachte ich noch lange nicht, denn es war immer mein fester Vorsatz gewesen, nicht zu heiraten, bevor ich dazu reif wäre: Mit 40!

Mit der Zeit wurde ich in ihren umfangreichen Bekanntenkreis eingeführt, und ihre Freundinnen akzeptierten mich spontan. Eine erste längere Reise führte uns ins Bayerische (Schloss Neuschwanstein – ihre Idee). Die Nacht im Hotel Adler war süss! Sie übernachtete nun immer öfter bei mir in der Halde und ich auch gelegentlich in ihrer Wohnung in Schönenwerd – nicht gerade zur Freude unserer Mütter, die dann doch auch langsam erkannten, dass wir trotz unserer Gegensätzlichkeiten gar nicht so schlecht harmonierten. Richtig ernst wurde es für Veronika, als ich ein Haus kaufen konnte und sie mit dem Ansinnen konfrontierte, ihre geliebte Wohnung aufzugeben und sich bei mir einzuquartieren. Denn damit entschied sie sich definitiv für mich als Lebenspartner, was schliesslich am Tag nach meinem 40. Geburri zur zivilen Trauung führte. Ein Schritt, den ich bisher keinen Moment zu bedauern brauchte, denn wir hatten uns inzwischen genügend kennengelernt, um die Mödeli und Marotten zu akzeptieren und zu tolerieren. Ich bin nach wie vor überzeugt, das richtige Baby gefreit zu haben - bis dass der Tod uns scheide.

Veronika hatte immer zuviel Dampf und fuhr deshalb täglich mit dem Velo und gelegentlich sogar auf Rollschuhen nach Erlinsbach in die Schule. Auf dem Heimweg pflegte sie in der Badi im Schachen ein paar Längen zu schwimmen. Wenn sie trotzdem geladen zuhause eintraf, schickte sie der Rapsak in den Wald auf den Vita Parcours. Kinderlein waren lange kein Thema für uns – zu sehr gingen wir beiden in unseren Berufen auf, bis eines schönen Tages ein Traum Veronika signalisierte, dass sie nun bereit sei, ein Kind zu haben. In den nächsten Sommerferien in Nausannes/Perigord wurde die Pille abgesetzt und der Düggeli (Lorenz Christoph Marmaduke) gezeugt.

Schwangerschaft und Geburt verliefen problemlos (wir waren insbesondere durch das Schwangerschaftsturnen bei unserer Nachbarin Vreni Mauch bestens vorbereitet). Lorenz war so anständig, erst auf der Welt zu erscheinen (am 12. April 1987), als Veronika das Schuljahr abgeschlossen hatte (am Freitag – am Sonntag war die Geburt). Er bereitete uns grosse Freude in den acht Monaten, die wir mit ihm verbringen konnten. Diese Zeit ist auf Video dokumentiert, denn ich hatte eine Kamera angeschafft, um die ersten Lebensjahre unseres Sprösslings festzuhalten – die ersten Worte und Schritte – ein herrliches Dokument. Aber Ende Dezember trennte uns der fatale Unfall. Doch Lorenz hatte Glück im Unglück, denn Vronis jüngere Schwester Ursula und ihr Mann waren spontan bereit, ihn als viertes Kind in ihre Familie aufzunehmen. So entwickelt er sich prächtig in einer idealen Familie in Kölliken, umgeben von Tieren und mit drei «Geschwistern», mit denen er sich gut versteht. Sämi bewundert er, Stefanie bringt ihm Lesen und Schreiben bei. Mit Änneli geht er in den Kindergarten und im Spätsommer auch zur Schule. Später will er sie heiraten.

So hat Lorenz in Kölliken Mueti und Vati und in Aarau/Suhr Mama und Papa. Er hat längst realisiert, warum dem so ist.

Auch ein idealer Grossvati ist in Kölliken da, der ihm viel Zeit widmet und mit ihm bastelt und ihn in Haus und Garten beschäftigt. In Aarau ist ein liebes (manchmal auch strenges) Grossmueti, bei dem er hie und da ein paar Tage Ferien verbringen darf, was er immer sehr geniesst.

Soviel zu Lorenz – unserem «bisher besten Produkt».

«Chez Zwätschge Veronika»

Ein Schild am Gartenhag mit Folgen
Ein Erlebnisbericht von Veronika

An meinem Geburtstag 1995 war ich zu einem Abendkonzert in Luzern eingeladen worden und ging vorher bei Kaspar im Lindenfeld vorbei. Geheimnisvoll erwähnte er: «Wenn Du vom Konzert nach Hause kommst, schau Dir den Gartenhag beim Briefkasten genau an. Dort hängt nämlich das Geburtstagsgeschenk von mir.»

Erleichtert ging ich von dannen, «beglückte» er mich nämlich dieses Jahr mit grösster Wahrscheinlichkeit nicht mit irgendeinem Küchenapparätli!

Voll «Gwunder» kehrte ich von Luzern zurück und entdeckte ein Schild auf Augenhöhe am Gartenhag. Eine Nachbarin hatte es am Nachmittag bei Kaspar abgeholt und aufgehängt. Um es genau anschauen zu können, holte ich die Taschenlampe vom Parterre. In jedem Stock hat es in unserm Domizil eine – ein Notlicht für alle Fälle.

stand in schönen, geschwungenen Buchstaben darauf, eingerahmt von «blutten» Engelchen in den Ecken und roten Herzen dazwischen.

Dieses Schildchen löste in mir freudiges Lachen über Kaspars humorvolle Idee aus.

Anderntags aber wurden meine Gedanken über mein Zwätschgeschildchen plötzlich von einem ungewohnten, unangenehmen Gefühl überschattet: Es könnte missinterpretiert werden ... Als ich meine Bedenken Nachbarn gegenüber erwähnte, antworteten sie mir mit schallendem Lachen: «Oh nein, die rote Lampe fehlt!»

In den folgenden Wochen blieben immer wieder Leute beim Zwätschgeschildchen stehen, warfen einen Blick auf unser Haus und gingen mit einem amüsierten Gesichtsausdruck weiter.

Ruhig und ohne irgendwelche anzüglichen Überraschungen verlebte ich die nächsten vier Jahreshälften mit «meinem» Schildchen am Gartenhag, bis . . .

Es war an einem Samstagnachmittag im letzten März, als an der Haustüre geläutet wurde. Ich war gerade mit Staubsaugen der untern Treppe beschäftigt und öffnete die Türe mit dem Staubsauger in der Hand.

Ein junger Bursche, nicht sehr gepflegt und mit Rucksack beladen stand da, beäugte mich von oben bis unten und meine: «Aha, s'isch hüt zue!»

«Die flambierte Zwätschge»

Eine wahre tragische Geschichte mit Happy End

Gevatter Zufall hat einmal mehr bei den Halders gewirkt. In der Küche im Rapsak Castle war der Gaggenau Dampfabzug seit Wochen gaga, denn die beiden Druckknöpfe funktionierten nicht richtig. Veronika hatte einen flotten jungen Mann (einen ehemaligen Schüler – jetzt Elektromonteur) beauftragt, sich dem Problem anzunehmen. Doch bevor es soweit war, überstürzten sich die Ereignisse: Am Montag, 25. August, sass die Familie Calvo im Garten – es war ein milder Sommerabend – als Juan gegen 22 Uhr im Küchenfenster des Nachbarhauses einen merkwürdigen Schimmer bemerkte und bald realisierte, dass dies ein Feuer war: Unsere Küche brannte offensichtlich.

Er eilte zum Haus, klingelte und bat Veronika, die ihm die Türe öffnete, um eine Wolldecke, eilte damit treppauf und musste feststellen, dass die Küche im Vollbrand und nichts zu machen war.

Inzwischen traf die Feuerwehr – von Irene alarmiert (118!) – die in der Nähe eine Übung abhielt, ein und löschte das Feuer. Ein Experte, der den Schaden beurteilen musste, konnte als Brandursache einen Kurzschluss bei einem der Schalter des Dampfabzugs feststellen.

Aber wie sah der Raum aus: Der Rauch hatte überall schmierige Russpartikel abgelagert, auch in den Kästen – Geschirr, Gläser und Besteck wurden verpackt und nach Brugg verfrachtet, um sie zu waschen.

Kleider und Wäsche aus dem oberen Stock kamen in Säcke, um in einer chemischen Reinigung in Bern behandeln zu lassen. Die Bilder wanderten zum Rahmenmacher Dutoit zur fachgerechten Reinigung. In der Bibliothek wurden die über 1000 Bücher einzeln geputzt. In beiden oberen Stockwerken shamponierte man die Teppiche. In der Küche wurden die oberen Einbauschränke und die Tischplatte ersetzt, und im Esszimmer erhielten Decke und Wände einen frischen Anstrich.

Mit diesen Angaben kann lediglich angedeutet werden, welches Ausmass die Umtriebe annehmen, die ein kleiner Kurzschluss auslöste, und nur einige günstige Zufälle wie eingangs erwähnt verhinderten die totale Katastrophe – immerhin!

«Best of Guiness Book of Records 1968»

Ich pflegte meine Freunde, Verwandten und Bekannten jedes Jahr mit einem selbst entworfenen Neujahrskärtchen zu beglücken – hier der Text jenes von 1968. Ich war damals frischgebackener Berufsberater in St. Gallen.

Der längste Bandwurm ist der «Lebende Angelruten-Wurm» (Lineus longissimus), ein sehr elastischer Fadenwurm, der in der Nordsee vorkommt. Er erreicht eine Länge von 27 m.

Das schwächste je im Handel verkaufte Bier war das süsse «Ersatzbier» der Brauerei Sunner in Köln-Kalk, Deutschland, im Jahre 1918, zu Ende des Ersten Weltkrieges.

Alle Rattenfängerrekorde werden von J. Shaws Terrier «Jocko» gehalten, der am 1. Mai 1862 in einer Rattengrube in London 1000 Ratten in 1½ Stunden tötete. Er brauchte für die ersten 100 Stück 5 Minuten 28 Sekunden.

Der Träger des längsten Schnurrbartes ist der 1916 geborene Brahmane Maruriya Din aus dem Bezirk Partabgarh, Uttar Pradesh, Indien. Von 1949 bis 1962 wuchs der Schnurrbart bis zu einer Spannweite von 259 cm.

Weitester Flohsprung: 1910 sprang ein kalifornischer Floh die Rekordweite von 33 cm. Der Höhenrekord ist 18 cm.

Die höchste Note, die ein Tenor jemals gesungen hat, ist das G altissimo des Louis Lavelle (ausgebildet von S. Pleeth) in dem Singspiel «Lovely Mary Donelly».

Die South Pacific Post von Neuguinea, die mit einer Auflage von nur 5200 Exemplaren über ein Gebiet von ca. 475000 km^2 verbreitet ist, dürfte die am meisten zum Zigarettendrehen benützte Zeitung sein. Man zahlt für 1 kg 6 Pence.

100 Stück Pflaumen in 11 Minuten 9 Sekunden ass William Mabey, London, am 22. Juli 1966.

Der grösste Nierenstein (6,3 kg) wurde am 29. Dezember 1952 von Dr. Humphrey Arthure im Londoner Charing Cross Hospital aus der Niere einer 80jährigen entfernt.

«Understanding Computer Technology»

Poster aus Kanada

Dieser lehrreiche Poster war das Sujet auf einem XXL-T-Shirt, das ich von Rob Pope aus Vancouver geschenkt bekam.

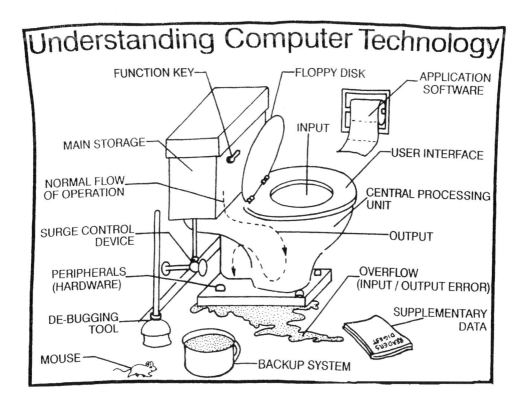

Anhang

Der Name Lorenz

von demselben in sechs verschiedenen Alphabeten geschrieben

Lorenz erhielt von Mama ein Buch geschenkt, das Alphabete aus aller Welt zeigt und kommentiert.

Er war davon so fasziniert, dass er seinen Namen «Lorenz Halder» in folgenden Schriften abschrieb:
1. Keilschrift
2. Runen
3. Griechisch
4. Kyrillisch
5. Morsealphabet
6. Blindenschrift

113

Ratgeber: Neue lesenswerte Bücher

Ich bin als Sohn eines Bibliothekars inmitten von Büchern aufgewachsen und konnte schon mit vier Jahren lesen und schreiben. Ich war eine unersättliche Leseratte und hatte das Privileg, mit etwa zwölf Jahren im Büchersilo der Kantonsbibliothek Aarau, alleine schmökern zu dürfen und schleppte regelmässig ein halbes Dutzend Bücher nach Hause:

Karl May – über den Dschungelpiloten Biggels – über den Jugenddetektiv Jan – die Rote Zora und ihre Bande – und andere spannende Abenteuerbücher.

Als ich mein Haus bezog, machte ich den schönsten Raum im Obergeschoss zur Bibliothek mit fest eingebauten Büchergestellen, die inzwischen über 1000 Werke aller Art fassen: Psychologische und graphologische Fachliteratur, Klassiker, Belletristik, historische und kultur-philosophische Werke und Kunstbildbände. Mit grosser Freude stelle ich fest, dass Lorenz offensichtlich meine Passion geerbt hat. Sein liebster Aufenthalt ist Papas Bibliothek, wo er sich stundenlang in Bücher vertiefen kann.

Als Büchernarr und Amateurverleger bin ich erpicht darauf, dass – trotz Internet – weiterhin Bücher gedruckt, gelesen und gekauft werden.

Deshalb sei hier auf einige besondere Bücher hingewiesen, die die geneigte Leserschaft lesen – oder besser noch – kaufen sollte.

Langbein & Fochler «Einfach genial». Die sieben Arten der Intelligenz, Deuticke, ISBN 3-216-30276-8.

Menschliche Intelligenz – ein schillerndes Phänomen mit vielen Facetten: Neben der kognitiven Intelligenz gibt es auch eine sprachliche, musikalische, sportliche, räumliche, soziale und emotionale Intelligenz.

Kurt Langbein und Rike Fochler begleiten «Wunderkinder» durch den Alltag und gehen auf die Suche nach den Wurzeln der Intelligenz: Sind es die Gene, ist es die Umwelt, welche Rolle spielen Struktur und Aufbau des Gehirnes, was spielt sich bei intellektuellen Höchstleistungen im Gehirn ab?

Fazit des Buches:

In jedem von uns steckt ein grosses geniales Potential – es kommt nur darauf an, wie es geweckt und in die Tat umgesetzt wird.

Haffner «Die fixe Idee». 13 Versuche, die Welt zu erklären. Verlag NZZ.
ISBN 3-85823-621-7.

Was trieb Albert Einstein dazu, über die Hälfte seines Lebens mit der Suche nach der «Weltformel» zu verbringen, isoliert und verlacht von den Fachkollegen? Was bewog den zweifachen Nobelpreisträger Linus Pauling, Megadosen von Vitaminen zu schlucken im Glauben, man könne auf diese Weise 150 Jahre alt werden? Was war es, das Italo Svevo nicht aufhören liess, immer und immer wieder die «letzte Zigarette» zu rauchen?

Die «fixen Ideen» von Berühmtheiten aus Kultur und Wissenschaft werden hier erstmals ausführlich behandelt, mit wachem Blick und spitzer Feder, mit verblüffender Sachkenntnis und einer Spur Ironie. Überraschende Einsichten tun sich auf, wird doch klar, dass Arthur Conan Doyle mehr an Elfen und Kobolde als an seinen Meisterdetektiv Sherlock Holmes glaubte; oder dass Phantastereien wie das Perpetuum mobile – an dem Paul Scheerbart bastelte – noch heute patentiert werden.

«Fixe Ideen», dies zeigen zeitgenössische Vertreter wie Alice Miller und Erich von Däniken, sind nicht nur unsterblich, sondern auch populär: kaum jemand ist gegen sie gefeit.

Peter Haffners Essayband über Linné, Pauling, von Däniken u.a. ist für uns Doyleans von besonderem Interesse, da ein Kapitel Conan Doyle und dem Spiritismus gewidmet ist.

Der Autor fokussiert in seinen Ausführungen die Episode um Elfenfotos, die zwei junge Mädchen in den Zwanziger Jahren aufgenommen haben. Doyle war von der Echtheit der Aufnahmen überzeugt und publizierte 1922 «The Coming of the Fairies». Erst 1983 wurden die Fotos offiziell als Fälschungen entlarvt.

Peter Haffner schreibt spannend, fundiert und nicht ohne Originalität. Leider sind die Ausführungen zu stark auf diese eine Elfen-Angelegenheit konzentriert, was den (voreiligen) Schluss provozierte, Doyle sei ein «Naivling» gewesen. Eine tiefere Betrachtung von Doyles Verhältnis zum Spiritismus dürfte zu anderen Ergebnissen geführt haben.

Dennoch muss dem Autor für seine Pioniertat gedankt werden – Doyle wird endlich auch im deutschsprachigen Raum als Mensch hinter Sherlock Holmes entdeckt!

Eine Kurzversion des Essays erschien zudem im NZZ-FOLIO Nr. 12/96.

Attenborough «Das geheime Leben der Pflanzen». Scherz. ISBN 3-502-15031-1.
Das Buch zur spektakulären Fernsehserie – monatelang Bestseller Nr. 1 in England.

Pflanzen sind in ständiger Bewegung, reagieren auf ihre Umwelt, haben ein Zeitempfinden, kommunizieren und rivalisieren miteinander – nur, dass sich dies auf einer anderen Zeitebene als der unseren abspielt. Pflanzen leben in Zeitlupe.

Der berühmte Dokumentarfilmer David Attenborough zeigt anhand modernster Technik und atemberaubender Zeitrafferaufnahmen dem blossen Auge unsichtbare Ereignisse und erklärt geheimnisvolle Phänomene aus der Lebenswelt der Pflanzen. Dieses faszinierende Buch eröffnet eine völlig neue Sicht auf die Pflanzenwelt.

Bollschweiler «Im Schatten der Weltgeschichte. Kronprinzenschicksale». Orell Füssli.
ISBN 3-280-02715-2.
Geschichte hinter der Geschichte.
Robert Bollschweilers neues Buch «Im Schatten der Weltgeschichte. Kronprinzenschicksale» schildert in spannender Art individuelle Schicksale mit weltgeschichtlicher Tragweite. In historisch-psychologischen Gesamtbildern werden die Schicksale von sieben Kronprinzen dargestellt, deren Biographie sich in aussergewöhnlicher Weise durch

die verunmöglichte Entfaltung auszeichnet: Schattenexistenzen hinter übermächtigen Vaterfiguren oder aufgrund dramatischer machtpolitischer Konstellationen. Was waren diese Kronprinzen und ihre Väter für Menschen? War Philipp II. wirklich jener finstere, kalte Despot, als den ihn die Biographen darstellen? Bestätigt sich Erzherzog Rudolf als eine unstete, labile Persönlichkeit?

Geschichte ist, das gilt ganz besonders für das Zeitalter der Monarchien, in hohem Masse abhängig vom persönlichen Schicksal ihrer Protagonisten. Daher werden den Biographien dieser verhinderten Thronfolger exemplarische Handschriftenbeispiele angefügt und graphologisch gedeutet, um auch von dieser speziellen Sichtweise her die Charakterbilder zu vervollständigen. Es ergibt sich eine lehrreiche Lektüre über die Geschichte hinter der Weltgeschichte, über nicht realisierte machtpolitische Möglichkeiten, deren Verwirklichung das politische Gefüge vermutlich bis in unsere Tage verändert hätte. Was wäre wohl zum Beispiel aus Preussen und aus Europa geworden, wenn Friedrich III., dem «Kaiser der 99 Tage», eine längere Regierungszeit beschieden gewesen wäre? Hätten sich Erzherzog Rudolfs geheime Hoffnungen auf ein liberales, befriedetes Europa erfüllt?

Das Buch bietet historische Miniaturen vom Feinsten, Geschichten hinter der Geschichte. Der jeweilige Einbezug der Handschriftendeutung bereichert die Interpretation historischer Ereignisse um eine neue Dimension.

Robert Bollschweiler, geboren 1937 in Zürich, studierte am Institut für angewandte Psychologie in Zürich und Graphologie am Graphologischen Seminar Zürich. Er arbeitet als Berufs- und Laufbahnberater in Luzern.

Katz. «Die Intuition in der Graphologie». Betrachtungen über ein irrationales Phänomen. Rothenhäusler Verlag, Stäfa. ISBN 3-907960-83-1.
Soeben ist ein Buch erschienen, auf das die Graphologenzunft gewartet hat, denn es ist dem irrationalen Phänomen «Intuition in der Graphologie» gewidmet, verfasst von Gerhard Katz, einem der renommiertesten Graphologen der Schweiz.

Mit der Intuition haben sich viele Altmeister der Graphologie: (Klages, Pulver, Heiss, Teillard, Knobloch und andere) in meist kritischem Sinne auseinandergesetzt und vor allzu unbedachtem Gebrauch der Intuition bei der Beurteilung von Handschriften gewarnt.

Katz befasst sich im Ersten – theoretischen Teil – umfassend mit Vorkommen und Gebrauch der Intuition in den unterschiedlichsten Bereichen wie Philosophie, Psychologie, Musik, Malerei, Literatur, Medizin, Phantasie, Kreativität und Traum – gespickt mit trefflichen Zitaten von entsprechenden Koryphäen.

Der zweite Teil enthält über ein Dutzend Handschriften von interessanten Menschen, wie Adenauer, Freud, Keller, Mann, Schweitzer, Ravel, Zuckmayer usw. mit differenzierten Analysen vor allem auch in Hinsicht auf das Phänomen Intuition gemünzt.

Franca Magnani. «Mein Italien» Kiepenheuer & Witsch. ISBN 3-462-02615-1
Seit 1964 war Franca Magnani für die deutschen Fernsehzuschauer «die Stimme Italiens». Ihre interessantesten und schönsten Beiträge sind in diesem Buch zusammengefasst. Ein facettenreiches Lesebuch für alle Italienliebhaber und die, die es noch werden wollen.

    Als junges Mädchen hatte Franca Magnani im Zürcher Schulchor Singverbot, denn «Singen war ihre grosse Freude, aber überhaupt nicht ihr Talent», wie sich ihre Tochter erinnert. «Sie musste bei allen öffentlichen Auftritten des Chors, in sicher gut gemeinter Absicht, stumm wie ein Fisch, den Mund mitbewegen, um den Gesang nicht zu stören.» Doch später liess sich die Journalistin den Mund nicht mehr verbieten, auch nicht vom Bayerischen Rundfunk, für den sie als Korrespondentin arbeitete. Mit der erzkonservativen Fernsehanstalt führte sie jahrelang einen Rechtsstreit wegen der ungerechtfertigten Kündigung ihres Arbeitsplatzes. Zivilcourage wird einem eben nicht in die Wiege gelegt, aber die Verleihung des «Fritz Sänger-Preises für mutigen Journalismus» durch Nobelpreisträger Heinrich Böll spricht für sich. Seit 1964 weihte die Magnani mit attraktiv gerolltem «R» die Fernsehzuschauer im deutschsprachigen Raum ebenso kenntnisreich in die Mysterien der italienischen Politik ein wie in die Kapriolen der südländischen Mentalität. Im vergangenen Oktober ist Franca Magnani unerwartet gestorben. Sie hinterliess ihren Kindern Sabina und Marco ein Konvolut von Manuskripten, das den Titel «Mein Italien» tragen sollte. In ihrem letzten Essay beschäftigt sie sich mit dem Verhältnis zwischen Deutschen und Italienern: «Wandern, das ist auch so ein Wort, das man hier nicht kennt; die Italiener wandern nicht, sie gehen, sie flanieren, sie spazieren – aber sie wandern nicht.» Sie hat auch über Stars berichtet, etwa über Sophia Loren, die 30 Tage wegen Steuerhinterziehung ins Gefängnis musste und sich drücken wollte. Ihre Schweizer Hörer und Zuschauer informierte Franca in gediegenem Züridütsch über den Skandal: «Es isch doch erstuunlich, wie aafällig die sogenannt besser gstellte Lüüt in Italie sind. Chum chunt en Bankier, en Arzt oder en hohe Militär is Loch, scho isch er deprimiert oder chrank.»

Knobloch. «Ich – Du – Es». Eine moderne Charakterkunde. Insel. ISBN 3-458-16851-6
Eine leicht verständliche, für jedermann praktisch anwendbare Charakterkunde, ein psychologisches Handbuch, mit zahlreichen Beispielen aus Lebenswelt und Alltagssprache.

Klaus Merz. «Jakob schläft». Haymon. ISBN 3-85218-299-8
«Eines nachts, sternklarer Januar, habe ich Vater und Mutter auf die Gürtelsterne von Orion gesetzt, Vaters liebstes Zeichen am Winterhimmel. In ihrer Mitte Sonne. Sie lassen die Beine ins Weltall baumeln. Und fürchten sich nicht. Jakob konnte ich nirgends hinsetzen, da er im Verborgenen schläft.»

Die Welt der Alphabete. Mondo Verlag. ISBN 2-88168-686-9

Claudia Storz. «Burgers Kindheiten». Eine Annäherung an Hermann Burger. Nagel & Kimche. ISBN 3-312-00216-8.
Das literarische Portrait einer widersprüchlichen und irritierenden Persönlichkeit und ein Buch über den Zwiespalt zwischen dem schöpferischen Prozess und dem Leben.

Bruno Nüsperli. «Der lachende Polizist». Ernste und heitere Geschichten zum Einschlafen. Abakus. ISBN 3-9521148-0-4.

Pollmer / Fock / Gonder / Haug. «Prost Mahlzeit». Krank durch gesunde Ernährung. KiWi Verlag. ISBN 3-662-02555-4.
«Kein Buch hat in der letzten Zeit so viel ernstzunehmenden Wirbel in die Ernährungsszene gebracht wie dieses . . .»

Deutsche Apotheker Zeitung

Je mehr Diäten, desto mehr Essgestörte, je mehr Margarine aufs Brötchen kommt, desto mehr Herzinfarkte, je mehr Jodsalz unters Volk gestreut wird, desto mehr Schilddrüsenkranke? Es ist an der Zeit, unsere Ernährungstheorien zu überprüfen und unser Essverhalten in Verbindung zu bringen mit einer natürlichen Wechselwirkung von Umwelt und Körper.

Home Story

von Eva Maschek über RAPSAK in der «Schweizer Illustrierten» vom 5.5.1997

Interessante Zeitgenosen haben die Ehre, gelegentlich in einer Home Story in der Schweizer Illustrierten portraitiert zu werden. Nachdem Eva Maschek und Rolf Edelmann im Februar 1995 über Veronika berichtet hatten, knöpften sie sich im Mai 1997 den RAPSAK vor.

Der schwerstbehinderte Kaspar Halder hat seinen Lebensmut nicht verloren
«Zum Glück glaube ich nicht an den lieben Gott»

Er hatte Erfolg. War glücklich mit seiner Familie. Dann der Schicksalsschlag: Seit dem Verkehrsunfall vor zehn Jahren ist Kaspar Halder total invalid, seine Frau Veronika behindert – Sohn Lorenz kann nicht mehr bei ihnen leben. Doch Kaspar gibt nicht auf. Von Eva Maschek mit Fotos von Rolf Edelmann.

Momente des Glücks:
Wie Kaspar Halder ist auch sein Sohn Lorenz am liebsten in der Bibliothek.

Das frühere Leben des Kaspar Halder. «Schön war's», sagt er. «Ich erinnere mich gerne zurück. Aber das ist vorbei. Ich lebe im Jetzt, nur das zählt.» Der 53jährige sitzt in einem Rollstuhl in seiner Bibliothek. Linksseitig gelähmt, die linke Hand spastisch verkrampft, rechts beinahe bewegungsunfähig. Es ist nicht einfach, den grossgewachsenen Mann mit dem fast unbeweglichen Gesichtsausdruck zu verstehen. Folgen einer schweren Hirnverletzung. Er spricht lallend, kaum artikuliert. Unermüdlich, immer und immer wiederholt er seine Sätze, wenn er vom Gesprächspartner nicht gleich verstanden wird. Trotzdem, man merkt, spürt richtig, wie sehr ihn das Reden anstrengt. «Auf meine Bibliothek bin ich immer noch stolz», sagt Kaspar Halder. «Die Momente, die ich heute noch hin und wieder hier verbringen kann, geniesse ich wahnsinnig.»

Wie hat er diesen Raum geliebt. Umgeben von über tausend Büchern, sass Kaspar Halder damals, vor neuneinhalb und mehr Jahren, oft bis in die frühen Morgenstunden in seinem englischen Designer-Sessel. Blätterte in Kunstbüchern, «schneuggte» in seltenen Werken über Graphologie oder befasste sich mit seiner Sammlung über Sherlock Holmes. Meist hörte der Stubenhocker dazu Musik: Joan Baez, Bob Dylan und manchmal auch ein klassisches Konzert. Mit dem Kopfhörer. Denn seine Frau Veronika und später Baby Lorenz wohnten ja auch noch in dem Neun-Zimmer-Jugendstilhaus an der Augustin-Keller-Strasse in Aarau.

Stundenlang konnte sich Halder so in seiner Bibliothek verweilen. Von seinem Alltag als Berufsberater, Graphologe und Betriebspsychologe mit gut florierender eigener Praxis abschalten. Und sinnieren, über das Leben – und darüber, was für ein Glückspilz er doch war.

Wie gesagt, das war Kaspar Halders Leben vor fast zehn und mehr Jahren. Heute sitzt der zehnjärige Lorenz im Lieblingsstuhl seines Vaters und hört mit den Kopfhörern Musik. Kaspar sitzt im Rollstuhl daneben. «Jetzt bin ich bestimmt genauso glücklich und zufrieden, wie ich es damals war.»

Damals. Das war, als Kaspar Halder noch kerngesund war. Damals, das war die Zeit bis zum 21. Dezember 1987. Bis zu dem Tag, an dem ein Polizeiauto mit Blaulicht und Sirene am Distelberg in Aarau bei Rot über eine Kreuzung fuhr und den korrekt entgegenkommenden Wagen der Familie Halder rammte. Wie durch ein Wunder brach sich der acht Monate alte Lorenz nur das Schlüsselbein. Bei seinen Eltern sah es schlimmer aus: Veronika hatte einen Beckenbruch, eine dreifache Fraktur am linken Bein sowie schwere Leber-, Milz- und Hirnverletzungen. Dreieinhalb Monate lag sie im Berner Inselspital im Koma. Bei Kaspar wurden mehrere Schädel- und Rippenbrüche, Lungen- und Hirnverletzungen diagnostiziert. Kaspar Halder: «Als ich nach acht Wochen aus dem Koma erwachte, konnte ich mich nicht bewegen, weder schlucken noch reden. Mein Verstand und mein Gedächtnis hingegen funktionierten einwandfrei. Zum Glück hatte dann ein Freund die Idee mit der Buchstabentabelle. Mein Gesprächspartner musste nur auf die Buchstaben zeigen. Durch Kopfnicken setzte ich dann die Worte zusammen.»

Eineinhalb Jahre verbrachten Kaspar und Veronika im Spital und in Rehabilitationszentren, ehe sie an Ostern 89 ins Krankenheim Lindenfeld nach Suhr verlegt wurden. Während Veronika Gehen und Sprechen lernte und seit Januar 91 wieder für sich selber sorgen kann und zu Hause wohnt, wird Kaspar Halder sein Leben lang totalinvalid bleiben und ständig auf Hilfe und Pflege angewiesen sein.

«Zum Glück glaube ich nicht an den lieben Gott. So muss ich nicht mit ihm wegen meines Schicksals hadern», sagt Kaspar. Fatalist sei er, nehme alles, wie es komme. Und er glaube ans Schicksal und an Zufälle. «Was uns passiert ist, war Schicksal, eine Kette ungünstiger Umstände. Oder wie soll man es sonst bezeichnen, dass uns ausgerechnet ein Polizist über den Haufen fuhr, den ich kurze Zeit zuvor als Graphologe begutachten musste und für seinen Beruf als geeignet befunden habe?» Wut habe er auf den jungen Polizisten, der zu 500 Franken Busse verurteilt wurde, keine. «Nur Mitleid. Das war ein Pechvogel.»

Kaspar schweigt. Er beobachtet stolz seinen «Düggeli», wie er Lorenz nennt, der in der Bibliothek ein Schachspiel aufstellt. Für einen Nachmittag sind sie eine Familie. Für ein paar Stunden durfte Veronika ihren Kaspar mit dem Rollstuhl nach Hause, in sein «Castle», schieben. Und Lorenz, der in der Familie von Veronikas Schwester Ursula aufwächst, ist auch da. Mueti und Vati nennt er seine Pflegeeltern in Kölliken, Veronika und Kaspar sind für ihn Mama und Papa. «Wir sind froh und dankbar, dass es ihm in seiner neuen Familie so gut geht. Von klein auf war unser Düggeli ein Sonnyboy. Er ist die Freude unseres Lebens», erzählt Kaspar.

Trauer, Hass, Wut oder Wehmut kennt er nicht. Halder: «Das bringt doch nichts. Ich habe das Glück, mit Gelassenheit gesegnet zu sein. Darum kann ich auch das Unabänderliche akzeptieren und das Beste aus meinem Leben machen.» «Klause» bezeichnet Kaspar Halder sein Zimmer 404 im «Lindenfeld». «Wohnzimmer, Schlafzimmer und Büro in einem. Hier fühle ich mich wohl. Hier werde ich voraussichtlich auch meinen Lebensabend verbringen.» Den 32 m² grossen Raum konnte er mehr oder weniger nach seinen Wünschen einrichten. Genauso wichtig wie die unzähligen Fotos an den Wänden sind für Kaspar der Fax, sein Lesehilfgerät («Seitentrüller») und vor allem der Computer. Der hat ein spezielles Textprogramm, das Kaspar mit seinem rechten Mittelfinger bedienen kann. So schreibt er Faxe, Briefe, Schüttelreime und Manuskripte für Bücher. Meist unterschreibt er mit «RAPSAK REDLAH». «Eine Marotte, das ist Kaspar Halder rückwärts geschrieben. Mich hat es durch den Unfall durchgeschüttelt – meinen Namen ebenso.»

Schreiben ist für Kaspar die Verbindung zur Aussenwelt. Zu seinem Fünfzigsten hat er in einem Privatdruck seine Memoiren veröffentlicht. Zwei Fachbücher von ihm über Graphologie wurden in einem wissenschaftlichen Verlag herausgegeben. «Meine Frau hat den schweren Unfall ebenfalls in einem Buch verarbeitet und es im Selbstverlag herausgegeben. Die Reaktionen haben mir gezeigt, dass man sich mit Büchern seinem grossen Bekanntenkreis wieder in Erinnerung bringt. Ich schreibe, weil es mir Freude macht und weil ich nicht vergessen werden will, jawoll!»

Ohne fremde Hilfe hat Kaspar deshalb letztes Jahr den Verlag Edition REDLAH Suhr gegründet. «Mit einem ISBN-Eintrag gewinne ich bei den Buchhändlern mehr Beachtung, als wenn ich Bücher im Selbstverlag herausbringe.» Und schon hat Kaspar

Halder neben seinem neuen Buch «RAPSAKIANA-MIX '96» ein erstes fremdes Werk veröffentlicht. Ein Buch über die Scherenschnittkünstlerin Edith Wiedemeier.

Halder: «Ich habe mich doch wirklich nicht zu beklagen. Ich habe die schönste und beste Frau auf der Welt und einen prächtigen Sohn. Im «Lindenfeld» geht es mir gut, und ich werde hervorragend betreut. Ich habe viel erlebt in meinem Leben und bestimmt nichts verpasst. Deshalb freue ich mich über jeden neuen Tag. Und schaue zuversichtlich in die Zukunft.»

Verbindung zur Aussenwelt:
Mit einem speziellen Textprogramm schreibt Kaspar Halder Briefe und Manuskripte für seine Bücher. «So wird es mir nie langweilig.»

«Paparazzo-Schüttlerick»

Text und Bild von RAPSAK REDLAH

Der Starreporter Rolf Edelmann von RAPSAK mit einem Schüttlerick karikiert.

Der Fotograf Rolf Edelmann
Lacht sich hübsche Mädel an
Ist stets gewiss mal
An der Swiss-Miss-Wahl
Dann steigt sein Hormonpegel an!

Lachen ist gesund – Humor in der Therapie
Quelle: Aargauer Zeitung 11.10.97

Dem Ernst von Krankheiten begegnen
Lachen Zweiter internationaler Kongress in Basel zum Thema «Humor in der Therapie»

Lachen macht gesund: Fachleute aus Psychologie, Medizin und anderen Gebieten treffen sich dieses Wochenende in Basel zum zweiten internationalen Kongress über Humor in der Therapie. Schwerpunkte sind die Erforschung von Effekten des Lachens und die therapeutische Anwendung von Humor in Spital und Pflege. Der therapeutische Humor ist zunehmend zu einem ernstzunehmenden Begriff in vielen Bereichen des Gesundheitswesens geworden. Der Anstoss kam aus den USA, wo Kommunikationsforscher und Mediziner die Wirkung von Humor und Lachen in der Therapie untersuchen. Seit den 80er Jahren organisieren sich die einschlägigen Fachleute und treffen sich inzwischen weltweit zu Kongressen. Im Mittelpunkt des zweitägigen Kongresses in der Messe Basel steht zum einen die sogenannte «Gelotologie», also die Erforschung des Lachens und seiner physiologischen Effekte. Zum andern wird der Einsatz des Humors in Psychologie und Psychiatrie beleuchtet. Auf dem Programm stehen Referate von Experten aus den USA, Deutschland und der Schweiz, gefolgt von Workshops mit Demonstrationen und Fallbeispielen.

Die erste Ausgabe des Basler Humortherapiekongresses habe das Thema auch in der Schweiz in die Medien gebracht, sagte Max Deon, Präsident der Schweizerischen Gesellschaft für Individualpsychologie. Entscheidend in der Therapie sei immer der Zeitpunkt, die Dosierung und die Art des eingesetzten Humors, was viel vom Therapeuten verlange. Er regte einen Pilotlehrgang zum «Humor resource councelor» an, der 1998/99 in Basel erstmals stattfinden soll.

Vielversprechende Resultate

Erste Resultate von Forschungen über Humor-Effekte auf Zellen, etwa bei Aids, seien interessant und vielversprechend, sagte der Psychologe Michael Titze. Eine Pflegeausbildnerin berichtete von positiven Erfahrungen mit Humor in einem Aids-Hospiz. Titze warnte aber angesichts der noch sehr schmalen Datenbasis vor verfrühter Euphorie. Deon hofft konkret, dass mit Humor die Psychotherapie menschlicher werden und damit auch schneller zu einer Heilung führen könne. Der Anstoss zum Kongress kam indes nicht von einem Mediziner oder Psychologen: Der Kabarettist René Schweizer wollte nach eigenen Angaben seinem Unbehagen gegen die verbreitete Ansicht auf den Grund gehen, dass die Humoristen die Abnormalen seien und nicht die Humorlosen. Am ersten Kongress 1996 nahmen knapp 200 Interessierte teil; für 1997 sind gegen 300 angemeldet. 1998 ist die nächste Auflage angekündigt mit dem Thema «Humor als soziale Kompetenz in Pädagogik, Management und Therapie».

Kabarett auf Krankenkassenkosten sei in der Schweiz unwahrscheinlich, sagte Deon auf Anfrage. Denkbar sei aber, dass Kassen Humor in ihre eigenen Kursprogramme aufnehmen. Diese sind zumeist präventionsorientiert. *(sda)*

Fazit: HUMORICA 97 muss kassenpflichtig werden – subito!

Nachwort und Dank

Sintemalen dies ein lustiges Buch sein soll, wird hier ein neuer Witz kolportiert, den ein Pfarrer aus Ibach SZ am Fernsehen DRS1 erzählte: «Was ist der Unterschied zwischen Bischof Haas und einem alten Pneu? – Es gibt keinen: – Beide sind aufgeblasen – haben kein Profil und sind schwierig zu entsorgen»!

Nachdem ich nun die (zahlreichen?) Anhänger des Bischofs von Chur wohl definitiv verärgert habe, bitte ich die andern geneigten Leserinnen und Leser dieses schöne Buch nicht gleich zu entsorgen, sondern an Freunde von Humorigem zu verschenken oder es zu behalten und neben die Bibel ins Regal zu stellen.

Bis ein Buch komplett fertiggestellt zur Auslieferung kommt, braucht es einen erheblichen Aufwand mit vielen Mitwirkenden, die dem Autor/Herausgeber mit Rat und Tat behilflich sind.

So sei allen herzlich gedankt, die mir geholfen haben – namentlich Annemarie Fügli, Daniel Suter und meinem treuen Weib Veronika und anderen.

Ferner danke ich der Crew der Forter Druck AG, die für Satz, Druck und Gestalt dieses edlen Werkes sorgten: Karin Mette, Marcel Müller und Walter Hess.

Im Herbst 1997   *Kaspar Halder*

Verlagsprogramm

Veronika Halder	**Ich komme zum zweiten Mal auf die Welt**

Veronika Halder   **Ich komme zum zweiten Mal auf die Welt**
Die eindrückliche Schilderung einer Frau, die nach
3½ Monaten aus dem Koma erwachte und sich
neu orientieren und ins Leben zurückfinden musste.
Auflage 1500, Bereich Medizin, Rehabilitation
126 Seiten, Fotos, Paperback
ISBN 3-9521206-0-X   Fr. 35.–

Rapsak Redlah   **Reimgeschüttel und Versgeklapper**
Schüttelreim-Limericks und Klapphornvers-Limericks
mit kongenialen Illustrationen von KONGO (Walter Kuhn)
Auflage 800, Bereich Belletristik
96 Seiten, 77 Illustrationen, Hardcover
ISBN 3-9521206-1-8   Fr. 30.–

Kaspar Halder   **Memoiren**
Autobiographie, Credo, Marotten
Auflage 700, Bereich Biographien
88 Seiten, Fotos, Hardcover
ISBN 3-9521206-2-6   Fr. 30.–

Kaspar Halder   **Rapsakiana-Mix 96**
Texte von und über Rapsak Redlah und seine Familie
Reimgeschüttel, Graphologica, Ratgeber
Zeichnungen und Fotos,
Auflage 500, 100 Seiten, Hardcover
ISBN 3-9521206-3-4   Fr. 35.–

Edith Wiedemeier   **Schwarze Magie mit Schere und Papier**
100 filigrane Meisterwerke von Edith Wiedemeier
Scherenschnitte der berühmten Lenzburger Künstlerin
Auflage 1000, Bereich Kunst, 116 Seiten, Hardcover
ISBN 3-9521206-4-2   Fr. 30.–

Kaspar Halder   **Humorica 97**
Witzige, naive und absurde Gedichte, Lieder und Texte
Auflage 700, 132 Seiten, Hardcover
ISBN 3-9521206-5-0   Fr. 35.–